SIN RENCOR Y SIN CULPA

MEMORIAS DE JUAN SOLIZ
EL LLAMADO "ABOGADO DE LOS POBRES"

Diseño de Editorial y de Funda: Irresistible Marketing Solutions Inc.

Primera Edición: diciembre del 2016

ISBN 978-0-9982930-0-4

Publicado por: Irresistible Publishing House
939 W North Ave Suite 750 Chicago, IL 60642

Impreso en Estados Unidos de América por Irresistible Printing

Para compras al por mayor: Descuentos especiales están disponibles en compras al por mayor de corporaciones, asociaciones, educadores y otros.

Para obtener más información, póngase en contacto con la editorial en la dirección antes indicada. EE. UU. librerías comerciales y mayoristas:

Por favor, póngase en contacto con juansolizlaw@sbcglobal.net o al (773) 277-6155.

SIN RENCOR Y SIN CULPA

MEMORIAS DE JUAN SOLIZ
EL LLAMADO "ABOGADO DE LOS POBRES"

DE LEDA SANTODOMINGO Y JUAN SOLIZ

A Francisca Arenivas de Soliz, mi madre,
la mujer que me trajo al mundo y quien me enseñó
a luchar por mis sueños y a respetar al prójimo,
también a mis hijos y a mi familia,
ellos son mi razón y mi fuerza.

Índice

Prefacio **9**

Acerca de la Escritora **12**

CAPÍTULO UNO **15**

Una historia sin editar 17

En donde hay pisca está el hogar 20

Demasiado pronto para ser hombre 22

Mi amigo Juan se hizo famoso 25

Un niño muy especial 28

Un maestro frustrado 30

Una esposa, unos hijos y una amante 35

CAPÍTULO DOS **41**

Chicago: refugio y escape 43

Un hombre muy bueno en un traje muy grande 47

Juan íntimo, miedo y resentimiento 51

Visas, mapas y reorganización de los distritos 55

Juan Soliz y la controversial candidatura del 81 59

Tumbó la puerta de una patada y por ahí nos metimos todos 63

De puerta en puerta educando a la gente 65

La semilla para el cambio 71

CAPÍTULO TRES **81**

Dos nuevos distritos 83

Juan no pide permiso 86

Fuera de la boleta 90

Juan solo 93

Temor a los cambios 96

Harold Washington, fuerza sin poder 101

Latinos "irregulares" 104

Lo juramenté en español 109

Los cambios se pagan con sangre 111

CAPÍTULO CUATRO **119**
Sin acuerdos ni contratos 121
Triunfos y rupturas 123
Un alcalde latino, lo que pudo ser y no fue 127
Ni blanco, ni negro: Latino 130
El peor de los pecados: enfrentarse a Daley 133
Arresto Injustificado 136
CAPÍTULO CINCO **143**
Familia, hijos y esposas 145
Un vicio llamado mujer 147
Leticia García, la segunda esposa 151
Un papá dulce y cariñoso 154
Volver a vivir 160
Sylvia Rubio: la hermana de Juan 165
Leti Zavala 167
Lissette: los cambios me hicieron mejor persona 170
El niñito de la patineta 172
El gemelo que sobrevivió 176
Tan cerca como pueda de mi abuelo 177
CAPÍTULO SEIS **181**
La política, etapa superada 183
Nadie aprende en cabeza ajena 186
Todos son mis hijos 188
Juan, el abogado del pueblo 190
Chicago: Ciudad Santuario 195
Yo fui uno que salió de la oscuridad 197
Abogar por el cliente aunque sea culpable 199
Nota para cerrar 204
Agradecimientos **215**

PREFACIO

Juan Soliz es un hombre que ama a su familia y a quien muchos consideran bueno, generoso, honesto; un defensor de los derechos de los pobres; un gigante que, cuando le toca, se levanta implacable contra las injusticias. Fue el primer latino electo a la legislatura de Illinois. Pero, como hombre público que es, Juan Soliz también es visto de manera muy distinta. No falta quien lo considere como un oportunista y amante del licor, de las drogas y de las mujeres. Todo junto, en un mismo paquete: "Cuando eres político, la vida privada es pública y sea verdad o mentira, tus adversarios la utilizarán en tu contra".

Acaso Juan Soliz sea ambos hombres enfrentados en un mismo perfil; es posible que sea el producto de esa conflictiva suma.

Juan, según sus propias palabras, puede ser bueno o malo, según sea el cristal con el que se le mire. En sus tiempos de candidato a representante por la Legislatura de Illinois y luego como concejal de Chicago, se expuso como producto en vitrina de tienda, sin medir las consecuencias que traerían sus decisiones personales.

Joven criado en el campo, ni la universidad, ni los libros, lo prepararon para las trampas que le esperaban en la ciudad de Chicago. ¡Todo pasaba muy rápido! Un mundo nuevo donde las puertas se abrían, a veces sin tocarlas.

En esta tierra desconocida, donde llovían las oportunidades, le tocó subir a la cima y, desde lo alto, caer sin tocar fondo.

"Mi vida es real y la quiero contar", dice Juan, "tuve aciertos y desaciertos, aplausos y derrotas". Una vida que hoy nos muestra con la madurez de un zorro experimentado, en donde no hay ni cuestionamientos, ni juicios. No se auto flagela, porque no siente culpa: "No puedo cambiar lo vivido, ni enmendar los errores del pasado, lo vivido es pasado, sólo me queda ser mejor en lo que me queda de vida", comenta. Quiere contar los hechos, lo bueno y lo malo, para que se sepa y, si se puede, sirva de guía.

Juan, como lo presentan los libros, artículos de prensa y las entrevistas realizadas, fue protagonista de uno de los capítulos más importantes en la historia política de los latinos en Chicago. "Este libro", confesó, "es una necesidad vital, es mi legado".

En este encuentro privado con Juan, mostraremos al profesional inteligente a quien le tocó luchar contra adversidades físicas, económicas y sicológicas.

En este trabajo biográfico, sin pretensiones históricas, hablaremos del hombre que se enfrentó y le ganó no sólo a "la maquinaria" demócrata, sino a la "mafia de los italianos" que controlaron Chicago por varias décadas.

Traeremos al presente el recuerdo del pequeño Juan, que se crió sin papá, en Lovington, Nuevo México. El niño, que trabajó desde los 5 años, y le tocó enfrentar las burlas y el acoso, en una escuela donde lo consideraban discapacitado.

Es la historia de un hombre señalado por consumir drogas, que quiso rehabilitarse cambiándose de país. El relato de quien pudo haber sido el primer alcalde de Chicago y hasta el primer presidente latino en los Estados Unidos, pero la soledad, los miedos, sus vicios y malas decisiones lo sacaron del juego.

Hoy junto a Juan, y todas las personas con las que conversamos, le daremos vida a esta historia. Presentamos a un ser humano transparente, dispuesto a desvestirse, que dice haber hecho lo mejor con lo que la vida le dio y quien, con la frente en alto, sin "rencor y sin culpa", agradece lo vivido, y le pide a Dios tiempo para seguir creciendo, aprendiendo y ayudando.

Acerca de la Escritora

Leda Santodomingo es periodista con más de 35 años de experiencia en televisión, radio y prensa escrita. Trabajó no sólo en Chicago y en su país natal, Venezuela, sino también en California, Miami y como corresponsal en varios países de Latinoamérica.

Durante el transcurso de su carrera condujo y produjo espacios de televisión de alta sintonía en Venezuela como en los Estados Unidos.

Después de trabajar por 15 años en Telemundo-Chicago, decidió crear su propia empresa de producción. Leda obtuvo un Emmy por el video que formó parte de la campaña contra el abuso doméstico. "Rompamos el Silencio". Recientemente escribió el libro "Cuando sea Grande", basado en su experiencia como persona grande, además creó un monólogo en donde promueve la idea de no abandonar los sueños sin importar la edad.

Comentario de Leda Santodomingo

Durante un año he compartido con Juan la historia fascinante de las luchas de los latinos en Chicago y aunque estas son sus memorias y no pretenden ofrecer el rigor de una investigación histórica, conservan los hechos tal y como los vivió Juan, apoyados por bibliografía y material periodístico, así como por las narraciones de quienes junto a Juan fueron protagonistas y testigos de uno de los periodos más importantes en la historia política de los latinos en Chicago. Agradezco la oportunidad que me dio Juan para servir de puente entre estos relatos y sus lectores.

CAPÍTULO UNO

"De mí se ha escrito mucho, verdades y mentiras", comienza diciendo Juan, "ahora llegó el momento de ser yo quien cuente lo que pasó:"

Una historia sin editar

La cita es un Domingo, único día que Juan llega más tarde a la oficina. Las 7 de la mañana es la hora acordada; un poco más temprano me dirijo a la casa de Juan en las afueras de Chicago.

Es la primera en una zona privada rodeada de árboles, en donde se respira paz. Juan me recibe con un café y directo pasamos a su oficina.

A partir de este momento, este hombre nacido el 4 de Diciembre de 1949 en Morton, Texas, contará, sin editar, los momentos significativos que lo convirtieron en uno de los líderes del movimiento latino de los ochenta en Chicago. Pionero de las luchas en favor de los inmigrantes, primer latino en desafiar directamente a la mafia política de los Italianos y el primer congresista electo en Illinois.

Me siento privilegiada de poder servir de puente entre Juan y ustedes para transmitirles su historia.

Antes de continuar, quiero referirme a un personaje a quien me presentan mientras hierve el café. Es un señor de rostro indígena, sin arrugas y de cabello negrísimo muy largo, que amarra en una cola de caballo. Es difícil calcularle la edad. El señor, de quien hablaremos más adelante, se llama Hugo González. Sonríe amablemente, extiende la mano y desaparece. Me entero de que fue marido de la actual esposa de Juan y papá de un joven de 21 años llamado Pakal, a quien Juan adora y como hijo lleva y trae a donde quiera que va.

En esta casa, donde comenzaremos a conocer a Juan, vive él con su esposa Lety, el ex esposo de ella (Hugo González) y Pakal, hijo de Lety y Hugo, todos bajo el mismo techo.

"De mí se ha escrito mucho, verdades y mentiras", comienza diciendo Juan, "ahora llegó el momento de ser yo quien cuente lo que pasó: Quién fui y quién soy, por qué llegué a Chicago, por qué me metí en política y tomé las decisiones que tomé, decisiones que me afectaron a mí, a mi familia y tal vez a mi comunidad", comenta.

"Cada vez que hablamos de política me preguntan que por qué no escribo un libro, por qué no cuentas lo que vivieron los latinos antes de lograr las posiciones que tenemos hoy en el poder político del Estado y la ciudad; especialmente cuando en el 2014, Jesús Chuy García, estuvo tan cerca de convertirse en el primer alcalde latino en Chicago, me comentaban las personas cercanas a mí y al proceso que vivimos: tú les abriste el camino tú fuiste el pionero, tienes que contar tu historia", recuerda.

"Bueno, fuimos muchos", aclara Juan, "así que me decidí, es algo con lo que me gustaría contribuir".

Será una excelente contribución en donde conoceremos el poder latino que empezó a tomar fuerza a mediados de los 70... pero antes de llegar allí, conoceremos a Juan, un ser humano complejo, quien nos hablará de los difíciles caminos que tuvo que recorrer para alcanzar el puesto que le tocó en la sociedad y en la política de Chicago.

"He cometido grandes errores, pero también he tenido aciertos, lo que he vivido es prueba de una vida real, y espero que los errores sirvan de lección para que otros no los cometan".

Mucho hemos aprendido de las experiencias y caminos recorridos por otros, pero al igual que Juan muchas veces hay quienes prefieren tropezar una y otra vez con la misma piedra para aprender. Algunos nunca lo hacen.

"Hubo muchos sacrificios", continúa Juan, "y hoy siento la necesidad y la responsabilidad de compartirlas con ustedes".

En donde hay pisca está el hogar

Juan, como su papá y al igual sus abuelos, nació en Texas*. Juan no recuerda que su padre hubiera estado presente en su vida mientras crecía, por eso a doña Francisca Arenivas de Soliz le tocó ser papá y mamá, y entre los valores que les inculcó a los cinco hijos que tuvo fue que le dieran al padre un lugar en el corazón y un puesto en la mesa, cada vez que aparecía...

"No tengo memorias de mi padre, sé que cuando yo estaba chiquito él estaba por ahí, pero la verdad es que no lo recuerdo, mi mamá lo acompañaba, con nosotros chiquiticos a hacer la pisca de algodón, de sandias, melones, mientras durara la cosecha vivíamos en la granja, donde hubiera trabajo que hacer, allí estaba nuestra casa".

En esos tiempos las oportunidades de educación eran muy pocas, el padre de Juan fue reclutado para ir a la Segunda Guerra Mundial y de allá regresó herido, producto de una granada que le explotó en la rodilla y lo convirtió en lisiado.

Aunque había sido soldado y ahora era veterano de guerra, nos comentó Juan, jamás recibió ayuda ni pensión del gobierno: "Como mis padres no eran educados, y no sabían de derechos, nunca reclamaron nada, así que mi papá trabajaba en lo que había y vendía lo que encontraba,

---

* *En 1845, Texas, que pertenecía a México, fue anexada a los Estados Unidos, convirtiéndose en el estado número 28 de la Unión americana. Para muchos de los que vivían entonces allí aquella zona seguiría siendo mexicana y por años se habló sólo en español.*

era bueno para eso. El alcohol era su escape ante tantas limitaciones, algo que mi mamá siempre le peleaba".

Cuando nació Gilberto, el más pequeño de los cinco hermanos de Juan, su papá se terminó de ir: "Lo volví a ver dos años después, yo tenía como 7 años, fue como una visión que aparecía y desaparecía", nos dijo Juan, pero cada vez que venía, su mamá lo recibía como si nada hubiera pasado. Mientras, doña Francisca les recordaba que siempre sería su papá: "Nunca influyó en nosotros para que nos hiciéramos una mala imagen de él, así que no le guardo rencor, la verdad es que casi no lo recuerdo de pequeño".

A quien si recuerda Juan es al tío Enrique (Uncle Henry), esposo de la hermana de su mamá y quien siempre lo llevaba con él.

"Yo era un niñito de unos 5 o 6 años, me gustaba ir a su casa, porque allá se comía mejor y me daban trabajo".

Juan, con sólo seis años, asumió desde muy temprano las responsabilidades de un adulto.

Demasiado pronto para ser hombre

Aunque su papá era alcohólico y apenas recuerda haberlo visto cuando era niño, Juan comenta que viene de un hogar muy noble en donde su mamá hizo de padre y de madre. Francisca supo abrirse camino por sí misma, sin educación y sin hablar inglés en una sociedad en donde solo parecía escucharse la voz de los hombres.

"Por años vivimos con la limosna de 100 dólares al mes que recibíamos del Estado", comenta Juan, "apenas nos alcanzaba, y mi mamá no podía trabajar porque, además de atender a mis hermanos, sufría del corazón y de artritis. Hacía milagros para darnos de comer a los cinco con la ayuda social y con lo que yo conseguía".

En ese tiempo no había las estampillas de comida para la gente pobre como existen ahora, así que se comía lo básico, frijoles, arroz, tortilla. A veces del gobierno de la ciudad les llegaban latas de carne y de leche en polvo.

Juan recuerda que hasta los cinco años, cuando nació su último hermano y se fue su papá, se mudaban de un lado a otro para encontrar casa y trabajo: "Cada uno de mis hermanos nació en un lugar diferente, cinco en total, y como en una escalera seguiditos; Gilberto, el último, nació en Lovington Nuevo México", allí finalmente se criaron todos.

En ese pueblo de 1200 habitantes, ubicado al Este de Texas, se quedaron.

Era un lugar pequeñito y conservador en donde los

gringos lo controlaban todo. "Había mucha discriminación, a todos los niveles, incluso muchos niños descendientes de mexicanos no iban a la escuela, porque no hablaban inglés y las maestras no entendían español, así que a la educación tenían acceso sólo los hijos de los blancos".

Doña Francisca apenas leía y escribía, pero sabía que la educación era importante, así que se valió de todas las influencias para lograr que a Juan lo aceptaran en una de las dos escuelas del pueblo.

"En la mañana iba a la escuela y en la tarde cuidaba a mis primos, los hijos de mi tío Henry. Por eso me pagaban".

A veces repartía periódicos o limpiaba zapatos por 25 centavos.

"Los sábados me gustaban", dice, " ayudaba a mi tío en la construcción y luego me daba hasta cinco dólares, eso era mucho dinero y lo mejor es que después nos íbamos a la casa de mi tía donde se comía muy rico", sonríe Juan, recordando la simpleza de su vida de niño.

Los domingos, en un restaurante cerca de su casa, también ocupaba el tiempo, botaba la basura y lavaba los trastes.

Juan hace memoria y no recuerda haber tenido juguetes comprados: "En esos días jugábamos con canicas y trompos prestados, con los palos hacíamos zancos y perinolas con una lata y un trozo de madera".

Imaginación era lo que sobraba para jugar cuando se

podía, pero eso no le importaba, porque el trabajo de los grandes era lo que más disfrutaba.

El dinero era una necesidad que aprendió a valorar: "Pero también aprendí que no llenaba tanto, hay valores más importantes que el dinero, vengo de un lugar en donde lo material no importa, nunca ha sido mi prioridad".

Todavía hoy dice que unos zapatos le pueden durar años. "No necesito nada, si no es porque mi esposa me recuerda que me tengo que comprar unos nuevos, no lo hago", confiesa.

"Recuerdo que mi mamá nos mantenía pulcros, era fanática del orden y la limpieza, aunque lo que nos poníamos era de segunda,"dice. "En mi casa se apreciaba todo, la comida, una camisa un regalo, nuestro premio cuando mi mamá recibía la ayuda del estado era ir a un sitio de hamburguesas, en donde por un dólar nos daban cinco".

Sabía que era pobre, lo sentía en la escuela donde si no le daban el lunch, no comía, pero no resiente esos años de limitaciones y penurias, al contrario, piensa que fue un niño feliz creciendo en un hogar de amor y de principios.

"Siempre trabajé, me gustaba ganar plata y ayudar a mi familia, siendo el mayor de mis hermanos, sin querer, me convertí rápidamente en un niño con responsabilidades de hombre".

Lamentablemente, esas habilidades no las vieron en la escuela y por no hablar inglés y no ver bien lo trataron como un niño discapacitado con necesidades especiales.

Mi amigo Juan se hizo famoso

El caso de Juan y Valentín es único. Se conocieron en la escuela elemental y hoy casi 60 años después todavía mantienen los recuerdos bonitos por lo que vivieron y compartieron.

Valentín Longoria, ahora Valentín Nayola, guarda frescos los recuerdos de su amigo Juan Manuel, a quien todos llamaban Many. Un muchachito inteligente de lentes gruesísimos.

Por eso le gastaban bromas. "Una de las bromas que le hacían los amigos era aquella en donde le advertían que si se acercaban a él podían quemarse porque, con el sol, sus lentes podían prenderse"

Cosas de muchachos que a Juan le fastidiaban y como se las echaba de machito se defendía a puños; pero al final perdía.

"Cuando más hubo acoso o 'bullying' fue en el 4to y 5to grado, yo no era tan inteligente como Juan, pero me gustaba el deporte y podía defenderme con los puños, así que éramos los amigos perfectos, él inteligente y yo fuerte".

En Lexington, Nuevo México, ambos fueron a la escuela Jefferson. No siempre compartían ni el mismo salón ni la misma maestra, pero igual se juntaban después de las clases porque vivían cerca y sus familias eran amigas. Eso los mantuvo en contacto aún después que Valentín se mudó con su familia a otro estado.

"Mi mamá se casó y mi padrastro, el que me dio el

nuevo apellido, nos llevó a un pueblito en Texas, ubicado a 30 millas de donde vivía Juan, después regresamos, estudiamos juntos en la secundaria y allí seguimos siendo amigos".

Amigos, aún después que Valentin se fue a la guerra de Vietnam; después que Juan se graduó de maestro en la Universidad Eastern Nuevo México; y cuando ingresó a la escuela de Derecho y se hizo abogado. "Para mí era un orgullo saber que aquel amiguito mío, humilde y sencillo, era ahora un licenciado. No nos veíamos tan seguido pero sabíamos en lo que estaba el otro," recuerda.

"Cuando se casó con María, como yo era su amigo desde la infancia, me nombró padrino de la boda".

Hay una anécdota que Valentín recuerda entre risas:

"Para la boda había que ensayar y para ello nos juntábamos cada noche por varias semanas. Yo tenía un trabajito, así que no los acompañaba todo el tiempo. Recuerdo", dice Valentín, "que la última noche hubo una despedida de solteros. Esos caballeros armaron la gran fiesta y se pusieron hasta atrás de licor. Tomaron tanto que tuvieron un accidente y terminaron presos. Los amigos de Juan presumían de lo mucho que se habían divertido. La verdad es que yo estaba tranquilo, pues el día de la boda llegaron todos trasnochados, cayéndose de sueño, y yo fresquecito, aguantando al novio que también estaba desvelado".

En el 72, Valentín vivía en California, cuando recibió la sorpresiva visita de Juan.

“Vino a verme porque se enteró de la muerte de mi esposa que había fallecido en un accidente automovilístico. Como te digo, no nos veíamos siempre, pero Juan se presentaba en los momentos importantes de mi vida,” agradece.

“Pasaron los años y lo volví a ver en el 94, salió en la televisión, estaba corriendo para un cargo de congresista en contra de Luis Gutiérrez. Mi amigo Many quien ahora se llamaba Juan Soliz, se veía apuesto, bien vestido, era un hombre importante. Es indescriptible la alegría que sentí, ver a uno de los muchachos de mi pueblo llegar lejos y lo mejor de todo, que era mi amigo”.

Un niño muy especial

En Lovington se quedaron los hermanos Soliz con mamá Francisca, algunos tíos y primos. Fue a la escuela y las maestras, apenas lo vieron, tímido, callado, con la mirada perdida tras aquellos lentes de vidrio tan gruesos, lo mandaron para el cuarto donde apartaban a los estudiantes especiales: niños autistas, con síndrome de Down, o simplemente distintos, como Juan: "Yo no hablaba ni entendía inglés, nací corto de vista, porque los músculos de mi retina eran muy débiles, lo que hacía que me bailara la pupila. Por eso cuando me vieron, el primer diagnóstico fue tenía retraso mental".

Les ocurre a muchos, los descalifican porque tienen acento o no hablan bien el idioma. Si eso ocurre ahora ¡hay que imaginarse como sería entonces! "Esto me traumatizó, estuve allí creo que por dos años, totalmente perdido sin saber por qué me trataban como tonto. No entendía el idioma, pero sí lo que pasaba a mi alrededor. Cuando por fin se dieron cuenta que mi problema era físico y no intelectual, me cambiaron al salón de los niños blancos, por supuesto que me retrasé en la escuela elemental, pero apenas aprendí el idioma empecé a destacarme, me gustaba estudiar, así que me superaba velozmente, quería ser mejor para complacer a mi nueva heroína, mi maestra. Sin embargo, esto me acarreó otro tipo de problemas, mientras mejor era, más me odiaban mis compañeros de escuela, me decían nombres, se burlaban de mis lentes, de mi ropa... de todo. Más de una vez me golpearon, era bueno con las ideas pero no con los puños".

La vida golpea duro, sí, pero a veces también trae

alivios. “Por fortuna, mi amigo Valentín Longoria sí era hábil defendiéndose y defendiéndome, él sí sabía pelear y más de una vez llevó porrazos por mí, y otros tantos dio, hasta que nos respetaron. Valentín era fuerte y bien parecido y a golpes me abrió el camino que las burlas, el miedo y mi timidez empezaban a cerrar, en el proceso de crecer. Valentín fue mi hermano, lo es hasta el día de hoy”.

El haber sufrido en carne propia las dificultades de ser un niño diferente crearon en Juan Soliz una conciencia muy particular a favor de los niños con discapacidades; de allí nació su deseo de convertirse en maestro.

Un maestro frustrado

Después de la escuela básica pasó a la secundaria en donde se destacó por su liderazgo e inteligencia, rápidamente alcanzó el cuadro de honor y su don de gente y facilidad de palabra lo colocaron en todas las organizaciones estudiantiles de entonces, era un líder natural, recuerda su hermana Sylvia, una de las menores de los cinco hermanos.

"Mi hermano era bueno en la escuela. Se había hecho grande, trabajando, estudiando y ayudando a mi mamá a llevar el hogar, así que sin perder tiempo asumió el liderazgo entre los estudiantes, siempre peleando por sus derechos".

En esos días, la industria petrolera estaba en efervescencia y en el pueblo donde había pocos educados y bilingües, le ofrecieron trabajo a tiempo completo y con muy buena paga, pero doña Francisca, para quien la educación era primero, se opuso y lo presionó para que siguiera estudiando, así que Juan se inscribió en el colegio para formarse como maestro.

Fue el primer mexicano estadounidense en obtener un título de bachiller, no sólo en su familia, sino en todo el pueblo, años después sería también el primer mexicano estadounidense en ser electo para una posición en el Congreso.

"Emplearme en la industria petrolera era una tentación, siempre me ha gustado trabajar, pero era un tiempo completo, así que tenía que escoger, y escogí ser maestro, para ayudar a los niños hispanos que no contaban con las mismas oportunidades en las escuelas," dice.

"Juan fue papa de nosotros sus hermanos, antes de ser papa de sus hijos," sostiene su hermana Sylvia.

Sin embargo, todo aquel esfuerzo de estudiar y trabajar al mismo tiempo no era sencillo: "Sentía una gran presión, no podía tener una vida normal como mis compañeros," tenía que trabajar para la familia, todo eso lo hizo madurar.

"Tienes que cuidar los trabajos," recuerda que así pensaba, "fue duro, pero me alegra haber tenido esa oportunidad a muy tierna edad, porque me permitió apreciar lo que es trabajar y lo que significa ganar para sostener la familia, es un valor que te sirve de apoyo. Si no te derrumbas".

A finales de los años cincuenta nadie pensaba aun en educación bilingüe. En estados como Nuevo México, Arizona, Texas, California, donde la mayoría de la población estaba constituida por descendientes de mexicanos, el español se mantenía como única lengua y los muchachos iniciaban la educación con grandes desventajas: no hablaban, ni entendían el idioma oficial que era el inglés.

Juan quería prepararse para hacer cambios, no sólo para los latinos con sus diferencias culturales y de idioma, sino para otros, que eran maltratados y abusados por tener dificultades o discapacidades físicas... " Yo lo había vivido en carne propia, yo fui uno de esos niños que sufrió discriminación por tener un problema físico o sencillamente por no entender el idioma".

Durante todo el proceso de formación como maestro,

Juan vivía y dormía en la escuela lo que le permitía compartir y participar en cuanta actividad estudiantil se hacía: lo nombraron presidente de los dormitorios un cargo que le permitió convertirse en líder y organizar a los estudiantes para protestar ante cada situación injusta que se produjera en la universidad o en el país.

Era miembro activo de los boinas café* (Brown Beret), versión latina de las boinas negras, que representaban los derechos de los negros, quienes al igual que los latinos eran discriminados a todos los niveles sociales.

"En ese tiempo había muchas revueltas, pasaban muchas cosas, la guerra de Vietnam, la discriminación contra los negros, los latinos y los indios mexicano estadounidenses. Se producían reclamos de tierras por los lados de Texas, había trabajadores mal pagados... Socialmente existía mucha necesidad de organizar, eran precisamente los estudiantes, los soldados los que llevaban la voz cantante".

Los estudiantes desde las universidades junto a los líderes de la comunidad, se metían en los barrios para organizar acciones de protestas, apoyar cambios y promover la justicia social y el respeto a los derechos humanos. "Muchos fuimos encarcelados y reprimidos, pero igual seguíamos".

Este grupo de revolucionarios era conocido como los Chicanos, jóvenes radicales para la época, opuestos al

---

* *Los boinas café fue una organización que surgió durante las luchas del movimiento Chicano a finales de 1960, era un movimiento de liberación que luchaba contra la brutalidad policial, igualdad en la educación y porque Estados Unidos devolviera a México las tierras que les había robado.*

status quo y por lo tanto quienes recibían todo tipo de represión y persecuciones.

"Una de las más fuertes protestas era contra la guerra de Vietnam. Los muertos los estábamos poniendo nosotros, las minorías, latinos y morenos".

Además, en Alburqueque continuaban peleando por las tierras que le habían robado a México, como parte del tratado de Guadalupe. "Recuerdo, dice Juan, "que nos guiaban líderes nacionales y cuya doctrina seguíamos: López Tejerina y Gorky González, que eran parte de la Cruzada por la Justicia en Denver, Colorado, y en Nuevo México. Ellos venían a la Universidad y nos daban cátedra de cómo organizarnos, nos instruían y motivaban, claro en medio de conflictos y protestas por parte de las autoridades universitarias,"dice.

"A veces éramos nosotros quienes nos movilizábamos hacia donde ellos estuvieran, como no teníamos dinero nos íbamos en autobús o pidiendo un empujón, así me inicié en la política, acompañado de María, quien se convertiría en mi compañera de lucha, la mamá de mis tres primeros hijos y mi esposa".

Juan se graduó de maestro en Lovington, Nuevo México, e inmediatamente lo emplearon, pero sus ideas de cambio y las propuestas no encontraban eco.

"Empecé a tener conflictos con la administración, así que después de un año de ejercer como maestro, renuncié".

Es bueno recordar que no fue sino hasta 1964, cuando las presiones a nivel nacional por parte de legisladores progresistas, lograron enmendar el artículo 14 de la Constitución y sentar las bases para garantizar los derechos de educación para las minorías (negros y latinos). Los cambios básicamente establecían que todos los estudiantes tenían derecho a una educación efectiva y el estado debía garantizar fondos para crear programas para niños con necesidades especiales, en este caso, con limitaciones para hablar y entender inglés.

Una esposa, unos hijos y una amante

María, así se llamaba la amiga de Juan de aquellos días, era su cómplice, compañera de estudios y de lucha, la mujer que lo convirtió en papá y también en esposo.

"Estábamos juntos en todas las actividades personales y políticas". Era una mujer inteligente a quien Juan convirtió en su mujer. "Siempre me han gustado las mujeres, pero ella era especial, era mi compañera, teníamos muchas cosas en común, ambos estudiamos y trabajábamos y en los ratos libres hacíamos política".

Durante el último año de la carrera decidieron casarse. Eso fue en noviembre de 1972, ya para junio de 1973 se mudaron a Seattle, Washington, porque un amigo que era muy cercano a la organización en la que militaba Juan Soliz, lo convenció de que se fuera a esa ciudad y continuara allí la carrera de leyes. En agosto nació Juanito, su primer hijo y ese amigo terminó siendo su compadre.

"Todo era muy intenso; los estudios, mi trabajo, mi casa, la esposa, el hijo, apenas llegué empecé la actividad política con mi compadre Roberto Maestas, quien junto a un grupo de estudiantes y gente de la comunidad habían tomado las oficinas de 'El Centro de La Raza'".

"'El Centro de La Raza' era una organización pública que daba servicios a la comunidad, pero discriminaba a los latinos. Después de la toma, pasó a ser controlada por los hispanos, allí se ofrecían clases de inglés y ayudas económicas para las familias necesitadas".

Mientras tanto, la familia crecía, en 1975 nació Marisol, la segunda hija de Juan. Ya para entonces, doña Francisca, su mamá vivía con ellos. "Era de gran ayuda, así María, mi esposa, podía trabajar".

Dos años después nació Vanessa, la tercera hija, la pequeña tenía seis meses cuando Juan y su esposa se separaron.

Juan recuerda que apenas se graduó de abogado empezó a trabajar en Evergreen, una empresa de servicios legales, donde le tocó representar a una líder del movimiento femenino, a quien habían despedido injustamente. "Tomé el caso y lo gané, me enamoré y perdí mi estabilidad y mi hogar".

Juan confiesa que tiene debilidad por las mujeres,"las quiero a todas," sonríe comenta con timidez, "no soy capaz de dejarlas o decirles que no, así que yo seguí, con mi vida doble, hasta que me descubrieron".

Esta mujer no sólo era su clienta, sino la comadre y amiga íntima de su esposa, por eso cuando María se enteró, lo corrió, cosa que Juan agradeció, porque estaba locamente enamorado de la comadre. "Yo creo que a esa mujer sí la amé, pero igual la dejé, era muy problemático, muy complicado".

Hubo varios intentos de reconciliación con su esposa, pero en cierto punto, Juan prefirió separarse, no le importaba ya dejar a María, eso sí, lo que no podía era separarse de sus hijos.

"Me sentía muy mal, era mi culpa, y en vez de resolver

los problemas, empecé a buscar a donde huir, quería escaparme, me dolía hacerle daño a María y también dejar a la otra mujer que tanto me gustaba". Chicago fue el escape, pero además, su refugio y el espacio donde crecería como político.

Graduación de abogado de la Universidad de Washington en 1976 con su mamá, Francisca y su primera esposa, María

Juan de niño con su papá

Juan parado en la camioneta con su mamá y sus hermanos Ramón, María Antonia, Sylvia y Beto

*Graduación de bachiller con su abuelita,
Manuela y su mamá, Francisca*

Juan como activista social en los Brown Beret

CAPÍTULO DOS

"Era muy eficaz en mi profesión, pero muy inmaduro en lo personal. No quería dañar a nadie, pero lo hice"

Chicago: refugio y escape

Juan no recuerda el detalle de cómo se enteró de que había una vacante en Chicago, lo cierto es que la experiencia en asuntos legales de inmigración que había acumulado durante su desempeño en Seattle, algo que no era común en aquella época, fue suficiente para que lo llamaran para una entrevista. "Yo buscaba una ciudad grande, en donde hubiera hispanos, y eso era Chicago, así que no lo dudé más, vine, hice los contactos precisos, y cuando di mi primera entrevista, me contrataron".

Quien si recuerda lo que ocurrió con Juan y su contratación, es Frances Sandoval, activista sindical de la fundación de asistencia legal, quien más adelante sería una pieza fundamental en la campaña de Juan para legislador y concejal.

"Necesitábamos un abogado para el centro de inmigración e iniciamos una búsqueda a nivel nacional, teníamos siete oficinas, el candidato ocuparía la posición de director en Pilsen", recuerda. "Como Juan Soliz no conocía ni tenía a nadie en Chicago, Jesús Chuy García, uno de los para legales en las oficinas del centro de ayuda y servicios al inmigrante, lo fue a recoger para su primera entrevista con quien para entonces era el director del centro: Kalman Resnick".

Ambos llegarían lejos. 35 años después, Jesús Chuy García se postularía para Alcalde y se colocaría muy cerca de la victoria, en un final histórico de 56% contra 44%. Aquella fue una lucha desigual en la que al candidato oficial de los demócratas, Rahm Emmanuel, "le llovieron los millones", y a Chuy, le faltó, además de dinero, tiempo para intentar otra vez unir a los latinos y obtener el triunfo, pero eso sí, creó las bases para las próximas elecciones, cuando muchos aseguran que Chicago tendrá un alcalde hispano.

Y aquel milagro electoral, que sorprendió a muchos en el 2015, durante las elecciones por la candidatura a la alcaldía, fue el resultado del trabajo que adelantaron Juan Velázquez, Rudy Lozano, Linda Coronado, Virginia Martínez, el mismo Chuy García, Juan Soliz, por supuesto, y decenas de hispanos, que sirvieron la mesa e iniciaron el proceso de legislación, educación, legalización, registro de votantes y que hizo posible que el poder latino en Chicago empezara a ser escuchado y reconocido.

De no tener representación hispana en la legislatura, ni en la alcaldía, en los años ochenta, se pasó a una representación mucho más justa y esperanzadora: ahora mismo hay representantes en todas las posiciones de gobierno tanto en la ciudad y en el condado, como en el Estado. Juan Soliz fue el escogido. Fue pionero y el primer mexicano estadounidense en optar como independiente con partido propio, enfrentando a la mafia italiana y los deseos de control de la maquinaria demócrata.

"Tuvimos que esperar 35 años y enfrentar muchas pérdidas y sacrificios para lograr representación hispana en los poderes públicos de la ciudad y el Estado, aquellos trascendentales años ochenta marcaron la pauta para el empoderamiento de los latinos".

Jesús Chuy García era más joven que Juan, pero ya andaba en política, buscando darle voz y voto a la comunidad latina. "Yo trabajaba como para legal en el

Centro de Asistencia y Servicios Legales para el Inmigrante, organización que recibía fondos federales y que ofrecía servicios legales a las comunidades de inmigrantes. El director del centro, Kalman Resnick, había identificado a este joven abogado, muy activo en Seattle y con raíces en Arizona, Nuevo México y los Ángeles, así que le ofreció trabajo. El día que llegó, le di el aventón desde el aeropuerto".

Chuy describe a Juan como una persona sencilla con mucho conocimiento de la historia y de las luchas de los grupos latinos en los Estados Unidos. Venía de trabajar activamente en el Centro La Raza, en Seattle, otra organización que daba apoyo a los inmigrantes.

"Así es", confirma Frances Sandoval, "era un profesional brillante, inspiraba confianza y, a pesar de su sólida formación profesional, era muy accesible", recuerda. "Hablaba con la gente como si fueran sus amigos, siempre con la verdad. Vino a trabajar en la oficina de servicios legales, pero hacía más que eso: lo suyo era pasión, se quedaba hasta tarde dando asesoría a todo el que lo necesitara, no cobraba un centavo, todo su trabajo era pro-bono. Y por supuesto que así, con tanto desprendimiento, se ganó el corazón de la comunidad, dando consejos, haciendo su trabajo sin esperar recompensa".

Si lo hubiera deseado, Juan hubiera podido trabajar con los grandes escritorios de abogados que en esos días no se daban abasto con los casos de inmigración, pero no tenía tal ambición. De igual forma, se hizo un nombre. Su trayectoria progresista y sus conocimientos legales en el área de inmigración le permitieron moverse cómodamente en las aguas políticas de Chicago, y pronto fue aceptado por la comunidad hispana que añoraba que uno de los suyos tuviera el poder y la gracia para representarlos.

Un hombre muy bueno en un traje muy grande

Rita Bustos, una de las activistas del momento y quien se oponía a todo lo que sonara a gobierno, oficialismo o cosas parecidas, describe a Juan como un hombre inocente: "Me hizo mucha gracia cuando lo vi por primera vez: usaba unos lentes de culo de botella y un traje como tres tallas más grandes que la suya a través del cual se le veía la bondad; no, no era un hijo de puta, eso lo supe apenas lo tuve ante mí, en el aeropuerto".

Rita, la amiga de todos los revolucionarios de entonces, tenía un carro que usaba como taxi, pero por lo general, servía para rescatar y llevar y traer a todo el que lo necesitara. Ese día Carlos Arango, otro de los jóvenes líderes de la época que andaba por Chicago escapando de la justicia mexicana, por rebelde, le pidió que lo acompañara al aeropuerto para recoger a Juan Soliz, era la segunda vez que venía; esta vez, para quedarse: "Y para allá fue Don Quijote de la Mancha, vestida de mujer a buscarlo", recuerda Rita. Llegó con sus dos hijos chiquitos, Juan, de 6, y Marisol, de 3; en Seattle dejaría a María con Vanessa, su tercera hija, de 8 meses.

Rita murió en septiembre de 2015, a consecuencia de un cáncer terminal. Unas semanas antes de que falleciera, en un hospicio de la ciudad de Chicago, accedió a dar una entrevista sobre el tema: es un privilegio que esté en este libro. A esta mujer desahuciada pero con más vida que muchos vivos se le iluminaron los ojos con el recuerdo y fue con la voz gritona y autoritaria de sus mejores tiempos con la que habló cuando se refirió a Juan.

"Ese día los fuimos a buscar, los llevé a la casa y de inmediato me puse a cocinar, estaban muertos de hambre. Era como la una de la mañana. Les hice espaguetis y cuando les serví no te imaginas lo que dijeron los niños: Papá, esta comida no se la come ni un perro. ¡Ay! ¡Pero qué lindos niños! les dije. Bueno en realidad yo no sabía cocinar, pobre Miguel*. Desde ese momento Juan se sintió en casa, ya tenía dos nuevos amigos. "Sí, se produjo una especie de encantamiento, éramos tres fanáticos luchando por la justicia en nuestra comunidad, tres amigos con las mismas carencias y el mismo deseo de ayudar a los más débiles. El compromiso nos unió". Gobernaba el presidente Ronald Reagan que era republicano: tiempos de persecuciones en contra de los latinos.

"No olvidaré cuando entonces mataron a un joven de 18 años por la espalda. Sospechábamos que había sido la gente de inmigración, por muchas razones, así que protestamos fuertemente. ¿Qué pasó? ¡Pues que nos llevaron presos a todos!" —comentaría entre traviesa y conmovida—.

Los jóvenes y activistas de entonces se aferraban a la lucha a favor de la causa de la participación sin discriminaciones: las fuerzas laborales debían, por justicia, reflejar el número de habitantes hispanos en las estadísticas. "Para todo llevábamos a nuestro abogado, Juan Soliz, que ya trabajaba para el centro de servicios legales para el inmigrante, pero siempre estaba dispuesto a acompañarnos en las acciones callejeras", recuerda.

---

* *Miguel Bustos, esposo de Rita, propietario del Ñandú. Un barcito latino que está en la Fullerton, adonde cada jueves aterrizan los amigos de siempre a tomar, escuchar música y a comer carne asada.*

"Ahora mismo me viene a la memoria uno de los enfrentamientos más duros que tuvimos con la policía, protestábamos por la venta a una empresa privada, de un hospital comunitario, en la Paulina. Nos enfrentamos a las fuerzas de choque con piedras y restos de escombros de allí mismo, y por supuesto nos agarraron. Entonces, pensando que saldría del atolladero con mi defensor, le dije a la policía que teníamos nuestro abogado y cuando les describí cómo era, nos contestó: a ese fue el primero que metimos preso ¡Imagínate!".

Juan, que era el auxilio y el apoyo de la gente, se había puesto rebelde. Fue cuando lo lanzaron en la jaula ante de que pudiera defenderse y decir quién era.

"Otras de nuestras acciones de protesta consistía en irnos de madrugada al aeropuerto en donde era costumbre arrestar al azar a latinos que ellos sospechaban pretendían quedarse", dice Rita Bustos. "Los escogían por su apariencia, los arrestaban, los maltrataban y en algunos casos allí mismo los deportaban", comenta Rita.

"Para detener ese abuso, se nos ocurrió pedirle a latinos que eran ciudadanos o a puertorriqueños que se ofrecieran como carnada. Les decíamos: es posible que te golpeen y te detengan, pero todo va a estar bien. Era una representación con sentido político, verás por qué. Después que los arrestaban, les ofendían y golpeaban se daban cuenta de que eran ciudadanos. Había mucha ignorancia, algunos ni sabían que los puertorriqueños lo eran y que disfrutaban de los mismos derechos que cualquier estadounidense... Juan Soliz y nosotros, junto a grupos activistas, logramos parar las redadas y estos atropellos en los aeropuertos con estas acciones", dice con pasión.

“La prensa latina apenas estaba naciendo. Así que para que la prensa en inglés reaccionara y cubriera algún evento había que anunciar sangre: yo llamaba a los medios gringos y les decía, señores, va a ver sangre, esta noche nos van a meter presos a todos. En esa época éramos Carlos Arango, María, la dueña de la Catrina de la calle 18, el padre Jim Coleran, María Cerda, Carmen Velázquez, Ramiro Borja y yo. Con esa gente empezamos a ganar respeto y autoridad, y los puestos que nos seguimos ganando en la política... Siempre estábamos luchando por lo mismo, contra la injusticia, por los derechos humanos... y Juan allí con nosotros, es un hombre confiable, admirable, que nació antes de su tiempo”.

Juan íntimo, miedo y resentimiento

En diciembre de 1978, cuando Juan Soliz llegó a Chicago, le tocó enfrentar todo tipo de retos: un trabajo nuevo en una ciudad desconocida y, además, criar a sus hijos sin el apoyo de la familia. Atrás habían quedado no solo su esposa molesta y resentida, sino sus amigos de siempre, su mamá y su bebé de ocho meses.

Sentía pena por el dolor causado a su esposa, pero en especial le dolía apartarse de los hijos y distanciar a los hermanos entre ellos, reconstruye: "Era muy eficaz en mi profesión, pero muy inmaduro en lo personal. No quería dañar a nadie, pero lo hice, especialmente a mis hijos, que terminaron separados. Mi solución fue escapar, si se le puede llamar solución, y terminé de papá soltero, algo muy complicado para mí y para mis niños... felizmente pude contar con Lupe Raymundo, una señora muy especial que los atendía; sin ella no hubiera podido hacer lo que hice".

Juan Soliz había fallado como esposo, pero le quedaba el consuelo de que como padre haría lo imposible para cuidar de sus hijos, debió ser así, y así debió creerlo María, porque de lo contrario no se explica cómo dio su consentimiento para que se los llevara cuando los niños apenas tenían 6 y 3 años. "Todavía hoy me pregunto si hice lo correcto, evité que crecieran los tres juntos como hermanos. Yo no tuve papá y tuve que fajarme duro, supongo que todo esto le dolió a mis hijos, creo que lo resienten, aunque no me lo reprocharon nunca y siguieron adelante".

La vida en Chicago fue difícil para el recién llegado. Estudiaba para sacar la licencia de abogado en Illinois, al tiempo que trabajaba en la Oficina de Asistencia Legal de Chicago y, además, por supuesto, debía atender a la prole, mudado, al principio, en casa de amigos. Manuel Aguilar, quien con el tiempo se convirtió en su aliado y compadre, recuerda que Juan Soliz buscó con mucho afán un espacio donde instalarse y atender a la gente, como lo hacía en Seattle. Es que los italianos no le alquilaban a los latinos y tampoco dejaban que quienes eran propietarios lo hicieran. "Yo tenía un edificio de tres apartamentos que pagaban los inquilinos a quienes les rentaba y en la parte de abajo había un espacio pequeño que planeaba usar para un futuro restaurante. Rudy Lozano, otro de los líderes de entonces, lo vio y me preguntó que si se lo alquilaba, yo le dije que sí".

Allí, en la calle 21, estuvo Juan Soliz un buen tiempo, a Manuel Aguilar no le importaba correr el riesgo que implicaba ayudar a este grupo de jóvenes que hablaban de apoyar a los inmigrantes y mejorar el barrio. Ese era su edificio y con él hacia lo que quería, sin embargo, varias veces tuvo que ir a la Corte para pagar multas y facturas que le llegaban sin ningún motivo.

"El lugar se la pasaba lleno, la gente buscaba a Juan Soliz a toda hora, no dormía, no le alcanzaban las 24 horas del día para hacer todo lo que se había propuesto: el trabajo en la oficina legal, las reuniones, el auxilio a los inmigrantes, el cuidado de los hijos. A veces, cuando no estaba Lupe, yo lo ayudaba. Juan era buen padre, le hablaba con dulzura a sus hijos y a ellos dedicaba cada minuto libre que tenía".

Al tiempo apareció Leticia García, la mujer que se convirtió en su segunda esposa. Acaso Juan pensó que ella podría ayudarlo con sus hijos, pero Leticia no lo dejaba ni a sol ni a sombra, y más bien con ella aumentó la familia, tuvieron dos niños más: Juan Miguel y Lissette. Cada persona que conoce a Juan reconoce que su debilidad son las mujeres, nunca tenía una sola y esto le producía mucha inestabilidad y angustia. "Sí... es verdad ¡te lo dije antes! Me gustan las mujeres, me ayudan a llenar los boquetes que me ha abierto la vida, por estar con ellas no me lo pensaba dos veces..."

Voluntarioso, tenaz, Manuel Aguilar no recuerda haberlo visto derrumbado, ni siquiera durante y después de cada elección donde las desilusiones y traiciones eran parte de la agenda. "Cuando le escuchaba los cuentos, lo que le pasaba, no me podía explicar como Juan sobrevivía en medio de tanta intriga y atropello... porque, encima, no le decían las cosas de frente, sino que los ataques aparecían directamente en la prensa".

Fuerte para resolver y luchar contra las adversidades, y acaso débil para ciertas tentaciones, todos estos altibajos serían la razón o la excusa para esconderse en el licor, las mujeres o el trabajo.

— ¿Quieres hablar de tus debilidades, no te importa recordar esos momentos?

— Claro, ese también soy yo y de esas caídas me pude levantar y aquí estoy medio maltrecho, pero vivo.

Cuando tienes fama y dinero la gente te busca. "El ayudó a muchísimas personas, tantas que uno podría pensar que medio mundo es su amigo... no sé si siguieron con él, la verdad es que yo creo que muchos se aprovecharon de su nobleza y de sus recursos".

Manuel Aguilar estuvo en muchos de los episodios en la vida de Soliz, sus triunfos, sus derrotas, cuando se casó otra vez, cuando nacieron sus hijos, cuando lo pusieron preso y cuando se fue a Perú buscando una cura para su adicción; después se quedó tranquilo, "sí, está muy tranquilo", reconoce Manuel.

"Juan es mi compadre y mi hermano. Un hombre muy confiado y capaz, por eso llegó a ser representante en la legislatura, concejal y hubiera podido ser alcalde, pero era un cabeza dura, muy independiente, le gustaba hacer las cosas como creía y no dejarse manotear por Richard Daley o aceptar las presiones partidistas, en este caso las del partido demócrata (entonces tan vertical, impositivo, demandante), por eso al final no siguió en la política. Fíjate que Juan es tan bueno que hoy en día vive con su esposa, el exmarido de esa esposa y el hijo de la esposa (Pakal), todos juntos en la misma casa, y lo hace para que a ese muchacho, que tiene una condición especial, nunca les falten los cuidados de sus seres queridos, así que Pakal tiene dos papás y una mamá, y, por cierto, a quien parece que más quiere es a Juan".

Visas, mapas y reorganización de los distritos

Cuando Juan empezó a trabajar en el Centro de Ayuda y Defensa de los Inmigrantes, había mucha actividad dentro de la comunidad hispana, recuerda Frances Sandoval. Eran cuatro abogados trabajando en demandas, algunas de ellas *"Class Action", casos Federales* que terminaron con grandes victorias para la comunidad latina.

Se aprobaron leyes a nivel nacional mediante las cuales se consiguió que padres de niños nacidos en Estados Unidos, pudieran tener visa. "Se otorgaron miles de visas por esta vía. Se suspendían deportaciones... éramos una herramienta y un alivio para el inmigrante".

Juan Soliz recuerda que era el único abogado latino dedicado abiertamente a la defensa del inmigrante, eso le daba la oportunidad de estar en contacto directo con la gente; y así se convirtió en referencia. En leyenda.

El Reverendo Loza hacía entonces foros y presentaciones acerca de los derechos del inmigrante: una audacia. Aunque la lucha sigue vigente, antes no era fácil ventilar el tema. Juan Soliz le dio vuelco al asunto, su dedicación y compromiso hizo posible que el debate viera la luz y por supuesto también colocó en la palestra al propio Juan Soliz que empezó a ser blanco de interés para el ojo público.

En esa época había redadas muy fuertes, se llevaban a la gente sin preguntar, los arrestaban en la calle, en las fábricas y hasta en los centros nocturnos: "A mí me tocó representar a un grupo que arrestaron en La Cueva, que en ese entonces se llamaba El infierno", continúa Juan Soliz. "Se llevaron a un grupo de homosexuales porque no tenían documentos. En realidad entraban allí y detenían al que les pareciera, sólo por su aspecto latino, había mucho abuso realmente de parte de inmigración. Después tuvieron que cambiar, por la presión que ejercimos, la estrategia luego sería buscar a los indocumentados en sus centros de trabajo".

Después Ronald Reagan, el candidato republicano, cortó los fondos, y el equipo del centro de defensa y ayuda se redujo a la mitad. "En ese momento había interés y presión para que eligiéramos a alguien que pudiera competir, alguien con nombre y prestigio en la comunidad. Fui propuesto y decidí entrar en política".

Mientras tanto, y como la vida es movimiento, algo importante ocurría en los mapas y en la geografía política de la ciudad. Una ley federal obligó a modificar las líneas que comprendían los distritos, lo que derivó en el hecho de que dos distritos tuvieran mayoría hispana: uno al norte y otro al sur. La demanda que provoca la reorganización de los distritos electorales en principio la entablan los afroamericanos, basados en el hecho de que la disposición político administrativa que existía desfavorecía sus intereses al impedir la elección y participación de gentes de sus características étnicas. El entonces legislador, Harold Washington, quien había logrado incluir enmiendas a la ley que organizaba los distritos, después se convertiría en el primer alcalde afroamericano en Chicago, gracias, en parte, a estos cambios, se pudo demostrar que la manera como estaban distribuidos los distritos discriminaba a un grupo protegido, es decir, a su propia minoría. La enmienda sostenía que no había que demostrar discriminación sino los efectos que producía. Esa enmienda fue fundamental para los afroamericanos y también para los latinos.

Según Jesús García, la demanda Ketchup vs Byrne, es el reflejo de la discriminación en contra de los afroamericanos y fue determinante en los cambios que se vivieron en los ochentas, porque logró aumentar de manera sustancial la participación del voto de las minorías. Por su parte los latinos, con el antecedente creado por los afroamericanos, presentaron su propia demanda, en donde se puso de manifiesto que la manera como estaban distribuidos los distritos también les afectaba a ellos, por lo tanto, el argumento que produjo los cambios en los mapas para los afroamericanos, fue utilizado por los latinos, convirtiendo este período en el más importante de la historia del poder político hispano; porque abrió puertas y posibilitó que Juan Soliz conquistara un puesto en la legislatura del estado.

En diciembre del 81, después de la demanda de MALDEF (Mexican-American Legal Defense and Educational Fund), la Corte aprobó las nuevas delimitaciones para crear un nuevo distrito donde 71% de los habitantes era latino. Ahora se contaba con dos distritos y miles de hispanos podían ejercer su derecho votar. Había entonces que empezar un trabajo de educación y motivación para despertar el interés de una comunidad que hasta el momento no votaba porque no se sentía representada, no le interesaba o tal vez porque desconocía su fuerza política para ganar elecciones e impulsar cambios a su favor. Por primera vez existía la esperanza de elegir a un representante estatal por el distrito número 20. Sin mucha confianza sin embargo, no solo los votantes, sino los propios líderes, veían que postularse como candidatos independientes era poco menos que una locura, un riesgo que significaba peligro y que tal vez no llegaría a ningún lado.

Según comenta Guillermo Gómez, educador y también parte de los activistas de entonces, y quien después sería el jefe de campaña de Juan Soliz: "En ese momento, cuando se decide que se lance el primer latino por el distrito, había un liderazgo aglutinador, teníamos capacidad de convocatoria". En una primera reunión que se llevó a cabo en el Centro de la Causa, se consideraron varios candidatos. Virginia Martínez, Ambrosio Medrano y Juan Velázquez eran los más fuertes, al final, sin embargo, se escogió a Juan Soliz porque exhibía el perfil más sólido en la comunidad; y era ya cosa sabida su compromiso con los inmigrantes y sus derechos. "No teníamos idea de cómo realizaríamos la campaña, nadie tenía experiencia, así que empezamos de cero siguiendo las directrices que daban nuestros líderes comunitarios que trabajaban en el barrio con la gente, pero a decir verdad, nos estábamos independizando de la maquinaria, nunca habíamos hecho una campaña y al producirse esa posibilidad pues convinimos en que nos tocaba improvisar, había mucha inseguridad y mucho miedo a lo que podría pasar. Esa primera campaña fue bien importante, porque surgió un movimiento político desde la misma base".

Juan Soliz y la controversial candidatura del 81

Respetado y querido entre los inmigrantes, gracias a su trabajo en la Fundación de Asistencia Legal de Chicago, cuando los grupos organizados de entonces, Pilsen Neighbors, Mujeres Latinas en Acción, Por un Barrio Mejor, el Centro de la Causa y APO se unieron para buscar un candidato, su nombre apareció en letras mayúsculas como uno de los fuertes aspirantes al cargo de representante en la legislatura de Illinois.

Esa candidatura era posible gracias al resultado del censo del 80, que se publicó en el 81, en donde claramente se mostraba que, a pesar de ser los hispanos el 14 por ciento de los residentes de la ciudad, no existía ni un concejal en la Alcaldía, ni tampoco un legislador electo en la asamblea legislativa que lo fuera.

Al mismo tiempo, al analizar la política de Chicago, concluyeron que la maquinaria del partido demócrata excluía y discriminaba a las comunidades latinas a pesar de que los números indicaban que en Chicago había 422.061 latinos. "En otras palabras, siguiendo su trayectoria de control, basada en el apoyo de los caciques políticos de aquellos tiempos, queda claro que no buscaban formas concretas de apoyar candidaturas de hispanos, no veíamos que se abrieran puertas para la inclusión y participación de nuestros activistas, gente progresista que vivía y trabajaba en la comunidad", recuerda la paradoja Chuy García. Juan Soliz se convierte entonces en el abanderado de los latinos y en el primer aspirante moderno que busca elegirse a la legislatura estatal, por el Suroeste de Chicago que incluye Pilsen y la Villita.

"Teníamos ese anhelo, esa esperanza de tener el primer representante en el Estado... pero nadie quería asumir el reto, por lo que yo me tuve que lanzar", recuerda Soliz, "la gente me lo pidió, y yo lo acepté, y no fue nada fácil, a las dificultades hay que añadir que, como tenía menos de tres años aquí, hubo personas que me lo reprocharon. Decían: este apenas llegó, y mira todo el apoyo que tiene y en cambio nosotros, que tenemos toda la vida aquí, pues...".

Pero ellos no quisieron asumir el compromiso que él tomó como desafío ineludible: "Se les propuso a todos, pero nadie quiso, así que empezamos la campaña en medio de una gran controversia, tanto dentro de los grupos latinos como fuera de ellos".

Frances Sandoval comenta que hubo una reunión en donde se planteó el tema, nadie quería aceptar el reto; parecía poco menos que imposible ganarle a la maquinaria demócrata y al control que por más de 25 años detentaba Vito Marzullo en el distrito que ahora pretendían liderizar los latinos pero ¿quién iba a hacerlo? ¿Y quién iba a lanzarse al desafío? ¿Quién iba a ir contra Marzullo, jefe político del partido demócrata o Marco Domico, protegido de Marzullo, y quien ocupaba el puesto en la legislatura? "¿Quién lo haría mejor? ¿quién?", decía uno de los que conducía la reunión, recuerda Frances. "Todos se quedaron callados. Juan, que ya sabía que era uno de los favoritos, dijo entonces: ustedes son de aquí, yo acabo de llegar... Y de alguna manera todos supimos que él sería el escogido. Como también, que a partir de entonces, sería blanco de ataques y atropellos por parte del partido demócrata y la mafia italiana, un riesgo que sería acaso en vano... porque nadie imaginaba que pudiera existir alguna posibilidad de triunfo". Juan Soliz recuerda que su amigo Rudy Lozano fue el que más influyó en que aceptara su postulación: "Tenía mi trabajo, estaba haciendo lo que quería, estaba contento, por otro lado tenía dudas acerca de esta propuesta, pero Rudy era un gran líder y supo argumentar sus puntos de vista y me convenció". Lamentablemente Rudy Lozano, años después, sería asesinado.

Una vez que se decidió que Juan Soliz iría en la boleta como candidato para la legislatura de aquel año, su nombre, que llamaba a la unidad, causaba gran fervor en el suroeste, comenta *Chuy*. "Empezamos a recolectar firmas y vimos cómo se sumaban cientos de seguidores, gente dispuesta a tocar puertas y caminar junto al nuevo candidato, que prometía un lugar y una voz para la comunidad latina".

Para entonces, ya se sabía que para ganar no era suficiente el voto de los mexicanos de Pilsen y la Villita, había que hacer alianzas con los afroamericanos de ese distrito y con los blancos europeos, polacos, irlandeses, lituanos. Se crea, así, la organización política Near West en donde figuran líderes como Rudy Lozano, Juan Velázquez, Juan Soliz, Linda Coronado; y entre los más jóvenes, Jesús *Chuy* García.

Las oportunidades se veían más claras debido a la sorpresiva candidatura de Harold Washington. Este carismático legislador traía un discurso nuevo que favorecía a las minorías y que se complementaba con la coyuntura que se vivía en la comunidad latina: "Buscábamos una alternativa en la manera de hacer política en Chicago", cuenta García. “Washington, sin duda alguna, fue uno de los principales aliados de nuestra comunidad”.

Tumbó la puerta de una patada y por ahí nos metimos todos

Carlos Arango, quien había llegado de México tras las persecuciones contra los estudiantes del gobierno del presidente Luis Echeverría Álvarez, a raíz de los sucesos del 10 de Junio del 71 y del 72*, recuerda que Juan Soliz vino, vio y conquistó. “Le dio una cara a la comunidad, en ese tiempo parece que estábamos de incógnitos, no existíamos”, reflexiona. “Su presencia le dio fuerza y valor al movimiento, entonces salió todo el mundo a dar apoyo, a luchar, crecimos: él le dio una patada a la puerta y por allí nos metimos todos”.

Según Carlos Arango la presencia de Juan Soliz fue muy significativa porque era la primera vez que los latinos tenían a una persona tan preparada, era abogado bilingüe, con experiencia y con ideas progresistas, un hombre que les hablaba de sus derechos y les ofrecía una esperanza para resolver el problema más serio de entonces: la situación migratoria.

Al año de estar en Chicago, a Juan Soliz le tocó sustituir a Kalman Resnick en el cargo de director de la Fundación de Asistencia Legal de Chicago. Supo aprovecharlo. A través del contacto diario y directo con la gente obtuvo el respaldo y confianza que necesitaba. Así que a la hora de nombrarlo la gente lo apoyó.

---

* *Ese Jueves 10 de Junio se recuerda como el día de la matanza de Corpus Christi, cuando más de 100 estudiantes fueron brutalmente asesinados por las fuerzas militares mexicanas, durante una protesta en apoyo al movimiento estudiantil de Monterrey.*

“Era una posición políticamente clave”, comenta Arango, “por eso a nosotros, la gente de CASA, organización que se ocupaba de los derechos de los inmigrantes, nos pareció fundamental su presencia; y cuando surgió la discusión acerca de elegir latinos por vías independientes de la maquinaria, vimos claramente que su postulación no tendría competencia”.

Esto iba de la mano de la redistribución del mapa político administrativo que empujaba MALDEF en las Cortes y que permitió ganar un distrito con representación hispana. “Teníamos el distrito, teníamos la gente, por primera vez la ley nos respaldaba como fuerza, el problema es que la mayoría no votaba porque no se identificaban con los candidatos, o porque eran ciudadanos pero no estaban registrados, o simplemente porque eran indocumentados”.

Las diferentes organizaciones y los grupos comunitarios iniciaron campañas de concientización a todos los niveles. Tocando puertas, entregando volantes con información en las esquinas. Había que sensibilizar y motivar a la gente, explicarle lo que estaba ocurriendo y la posibilidad histórica de tener una voz y una representación en el gobierno. “El latino empezó a sentir que tenía fuerza”.

De puerta en puerta educando a la gente

"En esc tiempo andábamos en las paradas de autobuses y trenes, por la 18 y la Paulina, recuerdo que era un lugar clave para saludar a los votantes", dice Héctor Escobar, inmigrante indocumentado que conoció a Juan Soliz durante ese proceso de legitimar su postulación con firmas. Era otro de los muchos que sobrevivía sin papeles trabajando en donde se lo permitieran.

"Veíamos a Juan Soliz como un modelo a seguir, nos motivaba la forma tan generosa de desenvolverse, cualidad muy propia de él, que le daba la mano a todo el que lo necesitara", dice Héctor Escobar. "En ese grupo participábamos meseros, *busboys*, gente trabajadora con documentos y sin ellos... yo ganaba 75 centavos la hora, no tenía tiempo, ni dinero, ni posición, pero con todo y no tener nada, me sentía incluido caminando y tocando puertas con el grupo".

Héctor Escobar, como muchos de los jóvenes que apoyaron a Juan Soliz en los 80, era parte de un movimiento estudiantil que venía huyendo de la represión en México. "Muchos eran radicales, pero gente buena y respetable, aquí no se trataba de tirar piedras ni de ir contra el gobierno sino de trabajar por la causa desde una perspectiva más amplia, adaptarse a las circunstancias, organizarnos y salir a votar, aquí sí veíamos un plan que por primera vez nos sacaría de la oscuridad".

Se necesitaban voluntarios para ayudar a llevar a un grupo de candidatos latinos al poder, Héctor Escobar fue uno de entre los miles que se sumaron a aquella lucha. Fue en el proceso de buscar firmas para ponerlo en la boleta cuando Juan Soliz se dio cuenta de que mucha gente no estaba registraba para votar; empezaría así la tarea titánica de ayudar a los tantísimos que no tenían papeles para que los tuvieran y darles asistencia, para su inscripción, a los que ya eran *ciudadanos*.

El barrio estaba controlado por los italianos, Vito Marzullo, uno de los concejales más viejos de la ciudad, y Marco Domico, en la legislatura del estado. Marzullo y su gente controlaban la Cermak, Blue Island, la pequeña Italia. Tenían recursos. Podía verse la diferencia. Las calles donde ellos vivían lucían impecables, limpias, las paredes recién pintadas; en cambio Pilsen y la Villita, reductos latinos del distrito, exhibían su condición de zonas venidas a menos. No había manera de disimular las diferencias. No les daban fondos, y se notaba: no se recogía la basura, pasaban muchos días antes de que las calzadas fueran limpiadas y ya empezaban a verse los signos de violencia entre pandillas.

Los italianos no querían a los latinos y este comentario que hizo Vito Marzullo durante una entrevista en CBS (en el programa *60 minutos*) evidencia la molestia que le producían y el odio que le tenía sus adversarios: "Ratas a las que hay que perseguir". Difícil y poco esperanzador imaginar algún tipo de conexión entre estos y aquellos. En esa época, antes de que se hicieran los nuevos mapas y se redistribuyera la población en los distritos, el voto, como era de suponer, estaba controlado por los italianos, aunque representaban apenas 5% de la población: "Eran pura mafia que funcionaba con amenazas e infundiendo terror a la gente", relata Héctor Escobar, "y eran demasiados frentes".

Contra viento y marea, no obstante, convencidos de lo que debían hacer y por qué, caminando y haciendo contacto con la comunidad, visitando cada casa, haciendo puentes, estableciendo contacto personal, Juan Soliz, junto a las organizaciones comunitarias, lograron su cometido: que la gente tomara conciencia de sus posibilidades y derechos, se inscribiera y votara. Argumentos sobraban, la falta de servicios era sólo uno de ellos. Si elegían a un hispano las cosas podrían ser diferentes. "Recuerdo que invitamos a Juan Soliz al Saint Augustine College porque era la persona más conocida de la ciudad. Allí Juan nos comunicó lo que estaba proponiendo Harold Washington y de la importancia de que fuera electo alcalde".

Fue una estrategia política impecable la que decidieron, una alianza de ganar-ganar. Apoyando a Harold Washington como alcalde, él se comprometía a incluir a los latinos, no sólo con trabajos y contratos en la ciudad sino en posiciones en el gobierno. Washington surgió, pues, como la llave que necesitaban los latinos para entrar seriamente en política y Juan Soliz emergió como una de las primeras caras del álbum del cambio, aunque en aquellos días de euforia no faltarían saboteadores a su claro e inevitable ascenso. "Eso es política, no debe uno tomarlo como algo personal... aunque de personas se trata", comenta Juan Soliz.

Roberto Díaz coincide en que había diferencias, trabas. "Eso ocurría *arriba*, entre los jefes y líderes, pero en la calle, donde yo me movía, la gente quería a Juan y punto". Era el nombre que se escuchaba. Roberto Díaz había venido de México sin papeles ni familia, no sabía leer y apenas entendía palabras sueltas en inglés. Al igual que muchos de los que llegaron en esos días, trabajaba a toda hora y en lo que le ofrecieran, pero su objetivo era estudiar y progresar en Chicago. Él fue otro que se involucró en la causa sin pensarlo dos veces.

"Conocí al señor Carlos Heredia en la escuelita donde yo estudiaba inglés, él tenía una pequeña oficina en donde daban clases con fondos del gobierno. Fue como un padre para mí, yo le traía mucha gente para la escuela", comenta emocionado. La causa tuvo muchos rostros, muchos dieron la cara, metieron el hombro, fueron incondicionales.

Y el éxito se vio venir, ya no los iban a parar. La incorporación de los que eran excluidos y se ubicaban al margen comenzaba a ser una meta alcanzable, una conquista que podría convertirse en realidad. Mientras se anunciaba la amnistía que les permitiría a muchos arreglar sus papeles, no pocos sentían que se acercaba cada vez más la posibilidad de que se les tomara en cuenta y de ser parte activa y legal en el nuevo contexto de vida que habían escogido.

Cuando Roberto Díaz le comentó al maestro Heredia de su situación, que era la misma de muchos, él le recomendó que hablara con Juan Soliz, el hombre que estaba ayudando a todo el mundo. Más velozmente de lo que pensó fue atendido, pero lo mejor es que así pudo ver con sus propios ojos el fenómeno que ocurría, ese del que sería más que testigo. Juan Soliz se estaba convirtiendo en una especie de ídolo que tenía el remedio para el peor mal de aquellos tiempos: la ilegalidad. Tener los papeles en regla, una vida como Dios manda, no tener que esconderse de la justicia y poder ejercer los derechos era un sueño que él parecía poder materializar.

"Me fui a su oficina y me impresionó su sencillez, pero al mismo tiempo su conocimiento, sabía mucho de leyes. Juan Soliz tomó mi caso y fuimos a la Corte. Nunca me cobró un centavo, es más, en vez de yo pagarle, como hubiera sido lo justo, solía ofrecerme ayudas extras: la verdad, un hombre increíble". Por eso, cuando Juan Soliz se lanzó a la política, Roberto Díaz, quien tenía un don especial para arrastrar gente a la escuelita del maestro Heredia para que aprendieran inglés, o se sumaran a colaborar con cualquier otra actividad en el barrio, convencido y entusiasmado, empezó a organizar clubes de cuadra para sumar gente al proyecto.

Comenzaba a tomar forma la organización comunitaria "Por un barrio mejor", grupo que también ayudó a construir las bases que le dieron fuerza a la candidatura de Juan Soliz. "Llegué a ser capitán de dos precintos, caminaba cuadras enteras en medio de aquel frío". Roberto Díaz pensaba que era el momento de que un hombre bueno, "preparado e hispano", llegara al poder.

"Contradicciones las había, y muchas diferencias por resolver, pero el pueblo lo quería y sabía de sus movimientos, así fue como lo apoyó en el 82 cuando fue solo y perdió; luego en el 84, cuando ganamos, y en el 86, en una elección especial en donde ganó por partida doble, como legislador y como concejal, es la historia de un proceso emocionante en donde participamos todos".

Hay que decir también que ese triunfo vertiginoso y motivador, quc conquista por partida doble, lo llevó a la Corte y le sumó nuevos enemigos. Sin embargo, la historia de Juan Soliz y sus circunstancias se compara a una avalancha indetenible, a un boquete que se abrió en la política y no se cerró jamás. Por el contrario, se amplió. Los años ochenta, con sus traiciones, controversias y rupturas, abrieron el camino para las transformaciones fundamentales en la manera de hacer política y elegir las autoridades en Chicago e Illinois. Juan Soliz, Rudy Lozano, Art Vázquez, Linda Coronado, Jesús *Chuy* García, Juan Velázquez, María Cerda, José Jiménez, María Torres, junto a decenas de miembros de organizaciones comunitarias como CASA, allanaron el camino para todo lo que vendría después de la elección de Harold Washington a la alcaldía. Para lo que se esperaba fuera una especie de revolución con cambios favorables para la comunidad latina.

De contar con un sólo concejal con apellido latino, impuesto por la maquinaria, lograron elegir a Juan Soliz como legislador y a cuatro concejales. Hoy, 30 años después, suman 12 los concejales latinos, incluyendo a Milly Santiago, quien pasará a la historia por ser la primera mujer latina electa a la alcaldía. El saldo, sin duda, es a favor.

La semilla para el cambio

Trabajo, esfuerzo y dedicación fueron las herramientas que le abrieron el camino a Juan Soliz primero en la comunidad, y en la política, después. "Mi propósito, cuando llegué a Chicago, no era ocupar cargos en el gobierno", regresa al punto de partida que nunca olvida. "Sin embargo, cuando vives el día a día con los vecinos, cuando conoces sus necesidades porque estás allí, en el centro de sus luchas, es la misma comunidad la que te da el piso, la que te empuja, la que te abre las puertas y te monta en ese sitial donde cree que podrás ayudarles a resolver sus problemas, entonces te involucras, respondes y ya no hay marcha atrás... menos mal", sonríe.

"Cuando Juan Soliz llegó a Chicago yo era el director del Centro Hispano de estudios de la Biblia en la Iglesia Luterana San Mateo", comenta el Reverendo Julio Loza, "en ese tiempo él tenía una oficina legal en Pilsen y me pidió si podía ofrecer seminarios informativos en la Iglesia". La idea de Juan Soliz no era educar a la comunidad en materia de inmigración, al menos no al principio, pero en todo el país estaban ocurriendo cambios trascendentales que podían facilitar el proceso hacia la legalización de los miles de mexicanos que vivían en penumbras en Pilsen y la Villita, entonces había que ser parte del proceso de transformación. En esa ola se montaron todos.

"Así fue como conocí a Juan", recuerda el reverendo, "él tenía poco tiempo de haber llegado, pero rápidamente puso en práctica lo que sería su misión esencial en Chicago, informar acerca de las transformaciones que vendrían en el área de inmigración". Informaba y ayudaba a que la gente se organizara, colaboraba para que los más posibles arreglaran su estatus legal y seguía alimentando su reconocida trayectoria de pionero.

El Centro San Mateo, que después cambió su nombre por el de Centro Comunitario María Leal, en honor a una de sus fundadoras, se convirtió en una institución en donde se le proveía ayuda a la gente necesitada. Recuerda Juan Soliz que María Leal, que llegó a tener muchas responsabilidades en la organización, empezó allí como voluntaria, "ella ha sido una persona muy dedicada a la misión de ayudar a los inmigrantes y en especial a los necesitados, sin importar de donde vienen y su estatus legal". El Centro, además de ofrecer información acerca de dónde buscar recursos y ayudas, creó algo tan humanitario como un comedor para personas sin recursos; sigue hasta la fecha. "Y en toda esta actividad comunal estuvo involucrado Juan Soliz, primero como líder y abogado, luego como concejal, estimulando y apoyando a las familias para que lograran sus metas", confirma y coincide con todos el reverendo.

Y es que Juan Soliz tuvo la sabiduría de medir con precisión y acierto cada oportunidad y colarse; he ahí una de las razones de su arrollador triunfo. El caso Silva vs Levi, por el que se lograron cerca de 100 mil visas para inmigrantes a través de la oficina legal, fue uno de los tantos que lo puso en escena como lo que ya era sin ninguna duda: una suerte de ángel benefactor de los extranjeros en tierra prometida. No sería este el único batacazo. "Hubo varios casos famosos, el caso Contreras, el caso López en estos litigios cuestionábamos las demoras en el proceso de naturalización y como resultado logramos que un nutrido grupo de personas obtuvieran sus documentos y se hicieran primero residentes y luego, por fin, ciudadanos", comenta Juan Soliz.

El reverendo Loza trabajaba primero en el área del oeste, Aurora y Waukegan, y con él y otra gente, además de ofrecer los foros informativos, se crean actividades para demostrar cómo los arrestos de la policía, en contra de los inmigrantes, tenían un componente discriminatorio, es decir, les bastaba ver el estereotipo físico de la persona y los rasgos que se supone son comunes en los hispanos, para proceder a arrestarlos. Por entonces, lucir como latino podía ser considerado un delito porque la injusticia era la norma. Juan Soliz confirma lo que comentaba Rita Burgos en cuanto a utilizar a latinos ciudadanos como carnada para probar la manera injusta en que actuaba la justicia. "Lo que hacíamos", explica Juan Soliz, "es que buscábamos a ciudadanos hispanos con documentos legales y los exponíamos adrede como carnada para que la policía los arrestara y así demostrar que existía el prejuicio y que las autoridades detenían a las personas por la manera como lucían, de esa manera podíamos probar que en los arrestos existía un gran componente de xenofobia. Lamentablemente, una y otra vez, ocurría exactamente igual a como lo teníamos previsto", concluye Juan.

"Sí, y toda esta actividad comunitaria fue surgiendo de manera espontánea", acota el reverendo Julio Loza, "no teníamos un plan demasiado elaborado, completo de la A a la Z, pero nos movía la intuición y las mejores intenciones. Orientados por el deseo de justicia, producíamos eventos en los que la gente participaba y a medida que la comunidad se involucraba, más se ponían en evidencia sus carencias y necesidades", añade. "Mi relación con Juan no era sólo a través de la Iglesia, por cierto, también compartíamos ideas progresistas, especialmente las que conducían a acciones para mejorar el nivel de vida de la gente, y por supuesto, éramos además verdaderos amigos", agrega el reverendo.

"Más de seis mil personas arreglaron papeles gracias al trabajo que hicimos en el centro junto al padre Loza y decenas de voluntarios", agrega Juan Soliz.

"La comunidad empezó a organizarse y a motivarse para conseguir su residencia. Yo era abogado privado pero mucha gente no podía pagar por el servicio, así que a través de la iglesia logramos certificar al centro y dar servicios de inmigración gratuitos", recuerda Soliz. "Entrené a voluntarios para que ellos hicieran el papeleo, y luego yo los revisaba y certificaba". Era una semilla de conciencia que se estaba sembrando: esa población motivada y con documentos fueron la base que llevó a Juan Soliz al Concejo Municipal. Algunos no votaban pero hacían campaña, le hablaban a los que si podían para que se hicieran ciudadanos y expresaran su opinión. La gente estaba clara: lo veían como la persona que abriría el camino para que los latinos pudieran tener voz y voto. Por primera vez existía la posibilidad de que los hispanos alcanzaran el poder.

Hasta el 84 seguía muy activo y absolutamente presente en el trabajo metódico, con su labor de hormiga, pero cuando entró en campaña, tuvo que renunciar a su cargo; al aspirar a un cargo político no puedes ser empleado del gobierno, así que renunció y pidió un permiso temporal o "*leave of absence*". Su popularidad le ayudó a ser electo como representante, y así siguió sus actividades en la comunidad de Pilsen y la Villita.

En 1985, cuando Juan Soliz ya era representante estatal

ocurrió el trágico terremoto de México. Miles de mexicanos residentes en Chicago quedaron incomunicados con su país. Juan y un equipo de voluntarios crearon un sistema a través de grupos de radio difusores para acercar a las familias. "Las torres de comunicación se cayeron a consecuencia del sismo, la gente estaba desesperada, así que establecimos una red de operadoras de radio internacional y pudimos establecer contacto. Las colas de gente en espera para hablar con sus familias eran interminables, muchísimos voluntarios estuvieron operando los equipos para lograr que nuestra gente mexicana de Chicago hablara con sus seres queridos lo que resultó ser un paliativo en medio de aquella dolorosa situación".

Atento siempre a las tantas y variadas urgencias comunitarias, Juan Soliz dejó su marca durante su gestión pública. Siendo maestro, consideraba que, si algo necesitaba Pilsen, era una escuela, así que a los pocos meses de haber sido electo como concejal ofreció una rueda de prensa anunciando que, en un terreno vacío que había logrado conseguir, sería construida una escuela.

"Fue parte de una negociación con Michael Madigan," confirma, "en la que pudimos lograr una escuela para el sur, otra para el norte y varias escuelas para Pilsen, incluyendo el West Side Technical Institute que hoy lleva el nombre de Juan Velásquez".

Empezaba a sentirse el problema de sobre población en las escuelas y, dentro del sueño de beneficiar a la colectividad además de construir espacios para la instrucción y formación, se rehabilitaron y expandieron otros tantos centros educativos en áreas latinas. "Parece que fue ayer cuando, frente a un grupo de la comunidad, Juan Soliz anunció la construcción de aquella primera escuela, a mí me dieron una pala para que simbólicamente removiera la tierra en donde nacería una de los centros educativos a disposición de los niños de la inmensa población de latinos que vivían en Pilsen. Esto habla mucho de lo que es Soliz, siempre pensando en mejorar la condición de vida de la gente, Pilsen debe estar agradecido no sólo por la escuela sino por muchas de las cosas que se lograron gracias a las gestiones suyas", confirma el reverendo.

"Ahora sin necesidad de estar en el gobierno, Juan sigue ayudando a la gente... son cientos los casos legales que ha resuelto sin cobrar un centavo", da gracias a Dios.

"Él viene de un hogar cristiano en donde el servicio es la prioridad", recapitula Loza. "Admiro a Juan por su sencillez, por su trabajo desinteresado, yo me considero su amigo, repito, y aunque en algunas de sus crisis no hemos estado cerca, sé que puede contar conmigo, lo mismo, estoy seguro, yo con él".

El Padre Loza recuerda cuando Juan fue arrestado por circunstancias relacionadas con droga, cuando, sin compasión, lo excomulgaron en todos los medios, para después probar que la información no era cierta. Eso le pasó varias veces, como cuando se quedó dormido en un *pare (Stop)* porque estaba cansado y se lo llevaron por la fuerza. "Mire", concluye con decisión, "yo conozco a Juan desde hace más de 30 años y le puedo decir que es un gran ser humano, cualquiera comete errores y él ha cometido muchos, pero como dice San Pablo, hay momentos en que vamos a caer pero los mejores son aquellos cuando nos levantamos. Juan es un ser único, siempre rectifica y vuelve a ponerse de pie, no podemos juzgar a la gente por sus equivocaciones, todos nos equivocamos, Juan ha hecho mucho bien, y lo mejor es que aún puede hacer más, mucho más, por la comunidad latina".

Reverendo Loza y Juan Soliz

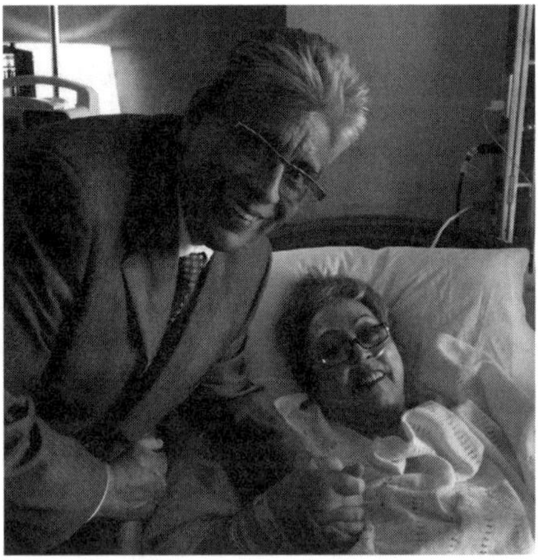

Juan Soliz y Rita Bustos

Ernie Chairez, Juan Soliz,
Rudy Lozano y Carlos Ruiz

Charlie Kyle, Ambrosio Medrano, César Chávez, Chuy García, Juan Soliz y Ray Figueroa

Juan Soliz con el Senador Edward Kennedy

CAPÍTULO TRES

"Es misterioso que desapareciera la boleta con mi registro, yo tenía mi recibo, pero ellos no"

Dos nuevos distritos

Mientras en lo personal Juan Soliz intentaba ajustarse a su nueva realidad de padre soltero, en la ciudad se aprobaba la redistribución de los distritos que permitiría que se ganaran dos representantes hispanos a la legislatura de Illinois, uno por el oeste, en donde se postularía Juan como independiente, y otro por el norte, en donde los activistas locales presentarían la candidatura de José Salgado, nominación que no prosperó debido a las presiones de la maquinaria demócrata en el poder.

Jane Byrne, la alcaldesa de entonces, viendo la amenaza que significaba que los latinos se organizaran como independientes, y aspiraran a ocupar puestos tanto en la alcaldía como en la legislatura, designó a dedo a Joseph Martínez para la silla por el distrito 31 de Chicago, y a Joseph Berrios para competir como representante.

Estas decisiones, tomadas sin considerar la opinión ni los deseos de la comunidad latina, radicalizaron aún más las posiciones de quienes en el futuro exigirían no sólo que los candidatos fueran hispanos, sino independientes de la maquinaria.

Juan Soliz en el suroeste se convirtió, no sin controversias, en el primer latino independiente electo por votación popular, gracias al trabajo de base de organizaciones como "CASA". El candidato a enfrentar impuesto por la *maquinaria* era Marco Domico, capitán de precinto en el distrito 25 y protegido del concejal más poderoso de Chicago Vito Marzullo.

La candidatura de Juan Soliz provoca una reacción que muestra los límites del partido demócrata de no aceptar modificar sus estructuras a pesar del crecimiento evidente y los cambios de población que se registran en los nuevos distritos. Entretanto, los diferentes grupos comunitarios hablaban de la necesidad de hacer reformas contra el racismo, sexismo y la discriminación en general que imperaba. La propuesta apunta a cambiar las estructuras tradicionales que rechazaban todo lo que significara progreso, cambios e inclusión.

En una entrevista realizada por el Chicago Tribune como parte de una edición especial el 1 de Noviembre de 1981 acerca del futuro de los latinos en la sociedad, líderes como Mario Aranda Director Ejecutivo del Instituto Latino, indicó: "que muchas cosas positivas estaban pasando en nuestras comunidades y la verdad es que no queremos que nos regalen, nada solo pedimos la oportunidad de de usar nuestros talentos y recursos y asi dar nuestro aporte. Somos una comunidad vigorosa y con muchos talentos pero necesitamos acceso a recursos e instituciones para resolver los problemas que afectan nuestra vida diaria.*

Virginia Martinez de MALDEF (Mexican-American Legal Defense and Educational Fund), por su parte al referirse a la participación de los latinos en política comentó que será un voto decisivo, seremos una comunidad que escogerá un partido y su candidato y pienso, indicó más adelante, el que apoyemos a un partido o candidato fuera de las estructuras tradicionales no es algo, como muchos piensan que nos va a dañar es algo que nos beneficia.* Así

* *Archivo Chicago Tribune / Visión del mañana, página 194, Nov 1, 1980.*

mismo Maria Cerda, ex miembro de la Junta de Educación, señalaba que teníamos que construir instituciones que se ocupen de nuestras necesidades, especialmente en el área política y económica. "Tenemos que abrir las oportunidades que les han sido cerradas a nuestra gente y estabilizar el desarrollo de los vecindarios, los esfuerzos no deben ser solo para sobrevivir como miembros productivos de nuestra sociedad y en estos esfuerzos la mujer tiene un rol muy importante y espero que ese rol sea reconocido".

Juan no pide permiso

Juan fue el escogido para ser el representante en la boleta y competir como independiente en las primarias de marzo del 82, contra la maquinaria controlada por Marco Domico; de inmediato comienzan las intimidaciones y las amenazas por parte de los *"regulares"*. Los regulares, según nos explican, eran miembros del partido demócrata que decidían los lineamientos doctrinarios y pragmáticos de la organización.

Jesús *Chuy* García recuerda que la amenaza estaba dirigida hacia los simpatizantes y voluntarios que tocaban puertas y colocaban afiches en las ventanas; los maltrataban de palabra y físicamente o los arrestaban alegando la violación de alguna ordenanza. Lo mismo ocurría en los edificios cuyos vecinos aceptaban poner la propaganda de Juan Soliz. "Llegaba la policía o las autoridades de la ciudad a imponer multas y sanciones de todo tipo".

Guillermo Gómez, jefe de campaña de Juan Soliz y uno de sus más cercanos colaboradores, sostiene que: "Se burlaban de nosotros porque tocábamos puertas en donde la gente ni siquiera podía votar, pero teníamos claro que esta era una campaña de educación y de presencia, necesitábamos que nos vieran en la calle, que reconocieran a Juan, no importaba que la gente votara o no, lo importante era el mensaje, teníamos el mejor candidato y parte de nuestra estrategia era democratizar el entusiasmo, mantenerlo vivo, así como compartir los más posible nuestro mensaje y la creencia de que existía una alternativa", explica. "Cuando nos veían con aquel frío repartiendo propaganda, la gente reaccionaba de una manera muy positiva, valoraba el compromiso de cada voluntario, que allí, congelados, habláramos con cada uno, en cada calle, acompañando al candidato. A veces los vecinos nos invitaban a entrar a sus casas, nos daban café y nosotros aprovechábamos para hablarles de Juan, de las elecciones y de la necesidad de colocar en el gobierno a un latino, todo este trabajo comunitario nos ayudó a avanzar"

Había comenzado la independencia partidista. Y aunque fueran inevitables las zancadillas, los nacientes grupos hispanos apoyaron la candidatura de Harold Washington. Propuesta con la que muchos no estaban de acuerdo, igual culminó con éxito. "Nos unimos a Washington y eso nos fortaleció", regresa al punto Juan Soliz, para ahondar en detalles. "Esa unidad fue de gran ayuda, pero siempre bajo una presión y tensión constantes. En varias ocasiones nos balearon las ventanas de las casas y los carros, no era fácil vivir con una permanente intimidación para nosotros y nuestros simpatizantes, no sé cómo lo soportamos".

La coerción se expandía hasta las oficinas y negocios de la gente que les apoyaba amenazando con cerrarlos y hasta llevarlos presos. Pero a pesar de los ataques, Juan, el candidato del pueblo, el "abogado de los pobres", como lo bautizaron, logró calar en la calle y pudo contar con el apoyo de los líderes comunitarios y de los latinos que cada vez estaban más convencidos de la necesidad de apoyar los cambios, de esa manera ya no necesitó ni de la autorización ni de la bendición de la maquinaria.

El fenómeno *Juan* fue tan impactante que no sólo ocupó las primeras páginas de los escasos periódicos en español y noticieros de radio y televisión locales sino que los medios anglosajones empezaron a notar su presencia. Lo describían como un joven articulado, fotogénico, preparado; el hombre adecuado para la silla en la legislatura estatal frente a un Marco Domico sin educación ni experiencia, un simple empleado de Vito Marzullo, con múltiples funciones en el condado: ese sería su adversario.

Por primera vez en la historia de Chicago, los latinos eran noticia por algo diferente a las redadas o la violencia que se vivía en los barrios latinos, debido en parte a la discriminación y los abusos.

Gerardo Torres, redactor y productor de radio y televisión, confirma lo que encontramos en los medios de entonces, él cubría las notas de liderazgo latino como parte de su trabajo en la emisora educativa a comienzo de los 80: "Juan Soliz despuntaba como una de las figuras más queridas, como ayudaba a la gente con los asuntos legales y de inmigración, se fue adentrando en la esperanza de la comunidad, en sus sueños y sus motivaciones, y fue así como construyó una fuerza política de base como nunca antes había sido vista en Chicago", diría. "También por ahí andaba Juan Velázquez en el barrio, creando conciencia, pero Velázquez era más tosco y menos educado que Juan. Otro que era muy activo y querido en la comunidad era Rudy Lozano, lástima que lo asesinaron".

Había varias organizaciones políticas en el barrio, y seguramente cada una tenía su gente, sin embargo, a la hora de escoger al candidato, Juan Soliz surgió como esa figura que podría ganarle a la maquinaria que lo enfrentaba. Entonces, la televisión y la radio apenas comenzaban y Juan Soliz y la política eran siempre el plato de entrada. "Recuerdo que hasta en los medios anglosajones se hablaba del despertar de una nueva fuerza latina", añade Torres.

Cuando Juan registra su candidatura con tres veces más firmas de las que se necesitaban quedaría muy claro que sería muy difícil sacarlo de la boleta. Añade Jesús *Chuy* García que fue una verdadera sorpresa para los contendientes, la celeridad con la que movilizaron a la gente: eso nunca había ocurrido. "Logramos crear una alianza multirracial entre latinos, afroamericanos y los europeos étnicos. El miedo a que ganáramos era tal que se recurrió a una trampa".

Fuera de la boleta

La maquinaria empezó a ver seriamente al nuevo movimiento de los latinos, temían un levantamiento electoral, dice *Chuy* García. "Hasta el momento la gente hacia sus protestas y sus marchas, pero entrarle a lo electoral era un reto directo, una confrontación, así que cuando no pudieron detener a Juan Soliz ni con amenazas ni intrigas, optaron por desaparecer el registro de inscripción de nuestro candidato en las primarias".

El argumento de la Junta fue que no coincidían la dirección en la que Juan había votado y la que aparecía como su residencia en el registro de su candidatura. Juan se había cambiado dentro del mismo distrito, de la casa marcada con el 1500 W de la 19 St, se mudó al 1445 W de la 17th. Cuando el 26 de enero Juan no recibió prueba del cambio de dirección fue en persona a la ciudad y en presencia de un abogado de la Junta, de nombre Michael Levinton, intentó de nuevo hacer los ajustes, pero la Junta le informó que se había vencido el lapso para modificaciones y que en su poder no existían datos de que se hubiera hecho ningún cambio con la antelación requerida.

"Es misterioso que desapareciera la boleta con mi registro, yo tenía pruebas, pero ellos no, tenía el recibo pero el de ellos, supuestamente, había desaparecido", afirma Juan. Lydia Bracamonte, líder en la campaña de Juan Soliz, personalmente había llevado la solicitud de cambio de residencia a la alcaldía. Ella declararía públicamente después: "Sospecho que la Junta Electoral, intencionalmente, ha desaparecido la tarjeta".

"Sin duda era una maniobra para que Juan no participara", indica García. Al parecer, "todo había sido manipulado por *el partido*", que también controlaba a la Junta de Elecciones. En consecuencia se aprobó que Juan Soliz no fuera incluido en la boleta para las primarias. Con semejantes circunstancias se pretendía descalificar su candidatura, pero Juan Soliz no se quedó tranquilo.

Fue a la Corte a exigir que se revisara su caso: "Pero el juez, otro apadrinado de Vito Marzullo, sentenció en su contra. Vito Marzullo, como lo indicamos, era uno de los caciques más influyentes en la maquinaria política quien contaba con muchos protegidos, no sólo en el partido demócrata, donde se sentía blindado, sino en la Junta Electoral y en la Corte", sostiene Jesús *Chuy* García.

"No nos sorprendió," recuerda García, "cuando durante la audiencia concedida para pelear la inscripción electoral de Juan, entró Marzulo y se sentó entre el público, le hizo una señal al juez y se cruzó de brazos como diciendo: te estoy viendo... te lo digo porque yo estaba allí".

La sala estaba a reventar, comentan testigos presenciales de aquel momento histórico. Había gente de los dos bandos, los protegidos y seguidores de Vito Marzullo, por un lado, y quienes apoyaban a Juan Soliz, por el otro. Guillermo Gómez hace memoria y recuerda —como si lo estuviera viendo—, el gesto de Marzullo, quien se tocó la nariz, indicándole al juez, Joseph Schneider, lo que tenía que hacer.

Cosas de la política de aquellos días. Los italianos arraigados en Chicago después de la Segunda Guerra

Mundial lograron mantener el control de la maquinaria demócrata, aún después de la muerte de Richard J. Daley.*

Frances Sandoval, sindicalista y muy cercana a la campaña de Juan Soliz, recuerda aquel suceso, mientras saborea un whisky en un restaurancito donde nos citamos para hablar de la trayectoria de Juan Soliz. Hace memoria y cuenta que ella había recogido miles de firmas. "Juan merecía estar en la boleta, por lo que aquel juego sucio hizo que la gente se enojara ¿Cómo es posible que se perdiera ese documento, que hicieran esa trampa? Pero la jugada les salió mal, porque los latinos nos unimos más y ahora Juan fregaría a la maquinaria, se saltó las primarias y se fue directo a las elecciones de Noviembre del 82, solito, sin los demócratas y con el apoyo de todos nosotros, incluso mucha gente se hizo ciudadano para votar por Juan".

"Así es", recuerda Juan, "mi candidatura que no fue un esfuerzo personal, sino de toda una comunidad organizada en torno a las alianzas logradas, sería expresión de cambio en todos los sentidos y voltearía por completo ese estilo, esa dinámica de juegos sucios y manipulaciones al que estaba acostumbrada la maquinaria".

---

* *Richard J. Daley fue alcalde de Chicago por 21 años, jefe del partido demócrata por 23 y mantuvo ambas posiciones hasta que murió en 1976.*

Juan solo

Juan M. Soliz apareció como candidato independiente para la Legislatura del Estado de Illinois en la boleta del 82, mientras que para concejales se apuntaron: Juan Velásquez, Rudy Lozano, Luis Gutiérrez y Jesús García. Juan no ganó, pero quedó claro que la fuerza popular que se había logrado aglutinar lo seguiría, esta fuerza naciente estaba conformada no sólo por los activistas mexicanos del sur, sino por los puertorriqueños y los cubanos progresistas.

En el Chicago de los ochentas y todavía hoy, la mayoría de los votantes son demócratas, para las elecciones del 82 el partido tenía una sola boleta y cuando la gente votaba por el partido, allí se incluían a todos.

Ahora Juan participaba como independiente, lo que resultaba confuso para muchos; esto nunca había ocurrido antes en la historia del partido. "Entonces teníamos que educar, que informar, y a esa tarea nos dedicamos", dice Guillermo Gómez, "un trabajo que ya habían emprendido los diferentes movimientos comunales en la calles, teníamos que explicar que éramos demócratas y que estábamos ofreciendo una alternativa nueva con nuestro candidato latino".

Aunque Juan no ganó, obtuvo una buena tajada de los votos, y puso en evidencia que aún sin el apoyo del partido, con las trampas y todo el enredo que significaba trabajar sin los demócratas "regulares", contaba con el apoyo de la gente; así se validaría el trabajo de la base política que empezaba a nacer en Chicago.

Un dato curioso que confirma el tipo de control que tenía la maquinaria, bajo la tutela de Vito Marzullo, es que cerca de 60 personas, incluyendo capitanes de precintos y funcionarios electorales, estuvieron bajo investigación federal por fraude en esas elecciones del 82.

"Yo no pensaba que podía ser electo, me lancé solo porque queríamos demostrar que podíamos participar al mismo nivel, se trataba de presentar otra opción... era importante que los chiquillos vieran que aunque el partido no me apoyara, podíamos hacer ruido", asegura Juan Soliz. Quien, a pesar de todos los obstáculos que tuvo que sortear, recibió una tercera parte de los votos y abrió el camino para los latinos que como él estaban listos para ocupar el lugar que les correspondía en la ciudad y en la legislatura.

"Llegará el tiempo en que una persona latina sea miembro de la legislatura", declaró Marco Domico a la prensa, "pero será un latino de nuestra organización". Juan Soliz no lo era, pero al final ganó.

"Cuando conocí a Juan Soliz, lo acababan de sacar de la boleta, yo tenía como nueve años y me trataba como a un adulto, me hice abogado por Juan, él fue mi modelo", comenta Frank Avila. "Lo admiraba porque era diferente a todos los políticos que había conocido con mi papá, en aquella época no había abogados latinos; ser abogado era algo que daba prestigio, él era la persona que podía interpretar el mundo mágico y complejo de las leyes y explicárselas a la gente", se asombra.

"A Juan me unía el hecho de que era amigo de mi papá, era abogado y yo estaba en proceso de serlo. Por otro lado, mi tíos y primos de California que eran trabajadores del campo habían estado luchando por los derechos de los trabajadores junto al notable activista César Chávez y Juan también, así que teníamos muchas cosas en común, Juan era eso, defensor de los derechos de los inmigrantes trabajadores", dice.

"Como descendiente de mexicano era un orgullo que uno de los nuestros llegara a alguna posición en el gobierno. Juan era la esperanza para nuestra gente, un hombre inteligente y divertido".

Temor a los cambios

"Cuando nosotros llegamos a Chicago hace 50 años, era muy distinto, estaban los irlandeses, los polacos, los alemanes, los italianos... hace poco comenzaron a llegar ellos, los mexicanos y todo está cambiando". De esta manera, con evidente disgusto, hablaba Leticia Marzullo, esposa de Vito, de los cambios que se producían en el distrito 25, en una entrevista que les hicieron, como parte de un documental para celebrar los 58 en el poder del último caudillo de Chicago, su marido Vito Marzullo.

"¡Cuándo van a aprender a ser americanos!", se quejaba molesto Marzullo, refiriéndose a las demandas de los hispanos, que exigían que se impartieran clases de español en las escuelas. "Humbold Park es una desgracia", afirmaba a los gritos ante la prensa. "Yo les digo a los mexicanos: si no les gusta esta ciudad ¡váyanse de vuelta a México!".

Mario Moya, uno de los periodistas y locutores más conocidos de entonces, maestro de ceremonia en todos los eventos hispanos de la ciudad, recuerda a Marzullo como un hombre que "pretendía ser bondadoso cuando estaba con uno, con los periodistas o la gente de los medios, pero era un desgraciado cuando debía relacionarse con miembros de la comunidad latina, lo único que le interesaba era ayudar a su gente, a los que le apoyaban: era arrogante y grosero".

Mario Moya comenta que al lado de Marzullo, siempre estaba Ben Martínez, su chofer y asistente, y quien después, por esas cosas de la política, se convertiría en uno de los designados a dedo como representante del distrito 20 en la legislatura, justamente en el cargo que dejaría Juan Soliz luego que en 1986 se lanzara y ganara las dos posiciones: representante por el distrito 20 y la silla de concejal por el distrito 25. Ben lo único que tenía de latino era su apellido, sus padres eran tejanos y él había nacido aquí. Lo peor era que cuando se refería a los hispanos, lo hacía con desprecio: "los mejicanitos". No hablaba español, ni tampoco inglés, "en realidad era un hombre ignorante que no terminó la primaria y cuando estaba frente a su jefe, Vito Marzullo, le temblaba la voz, le tenía pavor a su jefe. Cosas del servilismo, pero cuando estaba solo, entonces se convertía en un verdadero tirano", consigna Moya.

Vito Marzullo, último de los jefes de la vieja maquinaria política de los ochentas, ocupaba el cargo de jefe del partido demócrata y concejal del distrito 25. Su carrera política la había iniciado sesenta años atrás como capitán de precinto del distrito 25. Fue representante en la legislatura hasta 1954, y después ganó la posición como concejal en su distrito. No se movió de allí hasta que una decisión de la Corte del distrito ordenó que en el 25 se eligiera a un latino.

En declaraciones que ofreció a Mario Moya y a un grupo de periodistas del Chicago Tribune se le escuchó decir que se había postulado 20 veces como concejal y nadie se le había opuesto; que la única vez que lo hicieron les ganó 15.000 a 1000. "Nunca pudieron sacarme con una elección, así que se inventaron una nueva manera de hacerlo, la creación de nuevos distritos". Su última participación en el concejo municipal fue en marzo del 86.

Allí, en el distrito 25, estuvo por más de dos décadas junto a Richard J. Daley (padre), quien en ese momento ya iba para su cuarto período como alcalde, entre ambos se encargaban de controlar el partido, en la zona, y claro, la ciudad. "En ese distrito no había una decisión que no tuviera el consentimiento y la aprobación de Marzullo", recuerda Guillermo Gómez, "conseguir pintura para tapar los *graffittis* o lograr que pasaran a recoger la basura eran favores que Marzullo otorgaba, según se tratara de sus aliados o no".

Para Marzullo, el aseo del espacio público y el mantenimiento de las calles era un asunto que los vecinos tenían que atender. En una ocasión, Wilfred Cornell, activista de la comunidad afroamericana, preguntó que cuándo darían respuestas a las múltiples necesidades de los vecinos. Marzullo respondió: "No me traigan su problemas *negros* a mí, llévenselos a Harold Washington".

Lo mismo le ocurrió a un sacerdote que encabezaba la protesta de otro grupo de afroamericanos de su parroquia. Lo sacó de su oficina diciendo: "Yo aquí atiendo al que viene siempre que se comporte como dama o caballero, no acepto protestas ni presiones, yo soy el jefe de este distrito".

Podría decirse que, en esa época, de los 60 mil habitantes que vivían en el distrito, casi 70 por ciento eran mexicanos o descendientes de mexicanos, un 18 por ciento, polacos, irlandeses e italianos, y el otro 15 por ciento, negros.

"Éramos mayoría, pero no teníamos ni voz ni voto, por eso, cuando se presentó la posibilidad de un cambio, la gente que podía ejercer ese derecho salió masivamente a expresarse", confirma Juan Soliz.

Los italianos vivían en la parte del sureste del distrito en zonas bien atendidas y desarrolladas, con grandes negocios, restaurantes y amplias zonas verdes. Al norte, los afroamericanos y los latinos se disputaban las pocas viviendas públicas que había, casas de tres pisos en donde vivían hacinados, unos sobre otros.

En algunas cuadras se veían los escombros de fábricas abandonadas, reliquia histórica de lo que había sido en el pasado una zona de trabajadores, cuando Chicago abrió sus puertas para recibir a cientos de familias europeas después de la Segunda Guerra Mundial. Más adelante te topabas con edificios en ruinas a consecuencia de los enfrentamientos y protestas ocurridos después del asesinato de Martin Luther King, en el 68, estructuras que nunca fueron reparadas.

Explica Guillermo Gómez que, a medida que llegaban más latinos al distrito, los grupos de blancos étnicos (polacos, italianos e irlandeses) se movían más hacia el este y el norte. "En el distrito podías ver claramente donde terminaba la zona de los europeos y donde empezaba la de los latinos y los afroamericanos".

Las diferencias se sentían a todos los niveles, en las escuelas destinadas a los latinos, en donde la mayoría de las maestras no hablaban español o desconocían la cultura de los hispanos, en los vecindarios desatendidos en donde escaseaba o no existían servicios, en la calle donde no había ni trabajo, ni oportunidades.

Por supuesto, en medio de las desigualdades y los cambios sociales que ocurrían en las grandes ciudades del país, en Chicago, las clases desposeídas le dieron la bienvenida a Harold Washington, abogado y estudioso legislador que llegó ofreciendo espacio a las minorías, y prometió acabar con la manera clasista y discriminatoria de hacer política.

Por cierto, recuerda Gómez, que la alcaldesa Jane Byrne intentaba ganar puntos con la comunidad latina poniendo "pañitos calientes" al problema de la falta de representación de latinos a todos los niveles y nombró a tres hispanos en la Junta de Educación, uno por cada comunidad (cubanos, puertoriqueños y mexicanos).* "Además como un 'gran logro' de su gestión anunció públicamente que una vez que se hicieran los ajustes tendríamos dos concejales hispanos, cuando en realidad según el censo del 80 nos correpondían cuatro. En efecto, tanto en el distrito 31 como en el 26 por los lados del Noroeste, así como en el distrito 22 y 25 en el Suroeste ya contábamos con mayoría hispana, es decir cuatro, no dos".

---

* *Raul Villalobos, Mexicano; Edwin Claudio, Puertoriqueño y Luis Salces, Cubano.*

Harold Washington, fuerza sin poder

El tema racial fue uno de los factores que prevaleció en las elecciones del 83. Harold Washington luego de lograr la nominación como candidato demócrata, contrario al deseo de la maquinaria del partido, con el apoyo de los latinos organizados, obtuvo el triunfo como alcalde, gracias a los más de 100.000 nuevos electores afroamericanos y latinos que se inscribieron y votaron, y la entusiasta participación de los blancos étnicos.

En la contienda que se recuerda como la más costosa, agresiva y cruel de la historia para elegir a un alcalde en Chicago, se enfrentaron dos grupos opositores, la maquinaria tradicional de los "regulares" y los reformistas que querían cambios y más participación.

En Chicago, cuando el partido demócrata escoge su candidato, se da por sentado que ese será el que gane las elecciones. En esta ocasión, el propio jefe del partido en el Condado de Cook, Edward *Ed* Vrdolyak, hizo campaña a favor del republicano Bernard Epton, todo para evitar que ganara el afroamericano Harold Washington. Por fortuna, dos meses después de ganar 51.7% contra 48.0% de Epton, Washington fue juramentado como el primer alcalde negro de la ciudad de Chicago.

Washington, con sus nuevos aliados, intentaría incorporar reformas y cambios en el gobierno de la ciudad. No sería fácil, la resistencia continuaría a todo lo largo de ese primer período, pues la maquinaria partidista, que contaba con la mayoría de concejales, se negaban a soltar el control y aceptar los cambios y las legislaciones que se proponían; de los 50 concejales, 29 eran controlados por el partido que continuaba queriendo mantener posturas tradicionales que no siempre favorecían a las minorías.

En ese primer tiempo, Harold Washington gobernaba por medio del veto. Se necesitaban 30 votos para frenar al alcalde, es decir, que los 29 votos de los "regulares" no eran suficientes para obstaculizar sus propuestas. En ese período de enfrentamientos y contradicciones, muchos de los seguidores de Washington tuvieron que aprender a negociar para avanzar en algunas de las propuestas ofrecidas en campaña.

Mario Moya trabajaba para Ed Vrdolyak como coordinador de prensa y recuerda que había una verdadera cacería de brujas contra H. Washington por parte del partido. "Conocíamos todos sus movimientos, los llamados *regulares* querían impedir a toda costa perder el control del partido, por eso ocurrió algo insólito, Vrdolyak ordenó apoyar al republicano y más adelante, a pesar de las claras diferencias, ofrecería su apoyo a Juan Soliz".

Mientras Washington intentaba abrirle espacio a sus seguidores, en la corte seguían las presiones para revertir la redistribución de los distritos en la ciudad, lo que permitiría, tanto a los afroamericanos como a los latinos, seguir ganando posiciones en la alcaldía. Gracias a esos cambios en los mapas, los latinos ganarían nuevos concejales y legisladores.

Como la cosa era continuar, persistir, a mediados del primer término, el alcalde Washington crea el Proyecto Político Educativo (PEP), una herramienta que le permitía actuar políticamente fuera de la alcaldía y serviría para apoyar tanto sus campañas futuras como las de sus seguidores. Fue esta organización la responsable de financiar y organizar las contiendas políticas de los candidatos estatales y locales que respaldaban a Washington. "Luis Gutiérrez y Jesús *Chuy* García gozaron de ese apoyo", comenta Mario Moya. "Una vez electos, el alcalde tendría nuevos aliados y el apoyo para lograr la mayoría que necesitaba".

En la oficina de Juan Soliz abundan las fotos de antes, durante y después de que Harold Washington ganara las elecciones. Se le ve compartiendo abrazos y sonrisas cuando era legislador, en campaña por la alcaldía, cuando ganó, en fiestas y actos públicos, Harold y Juan, los amigos cercanos. Sin embargo, como lo relata Juan Soliz, "a pesar de mi admiración y respeto por aquel hombre visionario que nos abría un futuro, entre él y yo había diferencias, yo era independiente y hacía las cosas que creía que le convenían a mi gente".

Lo cierto es que cuando en 1983 Washington ganó, ofreció posiciones y trabajos para los latinos, admite Juan. "Los inconvenientes surgen, justamente, porque yo consideraba que él se movía muy despacio a la hora de escoger a los latinos que ocuparían posiciones y cargos en la ciudad. Yo protestaba y hacía presión, y eso no les gustaba, pero siempre voté a su favor, nuestra relación fue siempre muy cordial y respetuosa. Lo que pasa es que había una evidente lucha de poderes y todos querían estar cerca del alcalde; yo ya estaba, pero los que no, me querían quitar de en medio a como diera lugar".

Latinos “irregulares”

En 1984, mientras Washington trataba de lograr apoyos en la alcaldía, Juan Soliz ganaba las elecciones en la legislatura de Illinois. Su triunfo significaba otra derrota contra los “regulares” que apoyaban a Marco Domico. “Se trataba de una gran victoria para la comunidad: por primera vez teníamos una voz independiente en Springfield”, dice Diana Eiranova, periodista de La Raza, a quien le tocó seguir de cerca la campaña de Harold Washington y de Juan Soliz.

Después del 82, cuando los latinos progresistas postularon a Juan Soliz en contra de los deseos de los demócratas “regulares”, y se puso en evidencia su arrastre y liderazgo, a la maquinaria no le quedó otro recurso que apoyarle.

Ed Vrdolyak, uno de los poderosos jefes del partido demócrata, anunció públicamente su respaldo, argumentando que apoyaba la boleta democrática y Juan estaba en ella. Esta decisión tomó por sorpresa tanto a los “regulares” como a los “irregulares”.

“Vrdolyak no quería para nada a Washington y a su gente, inclúyase en este grupo a Juan; por eso algunos cuestionaron y hasta vieron mal aquel respaldo oportunista”, consigna Diana Eiranova. Como reportera, ella vivió de cerca el proceso electoral que llevó a Washington a la alcaldía y a un grupo de latinos a ocupar puestos en el Estado y la ciudad. “A mí me tocó hablar con todos: demócratas ‘regulares’ o ‘irregulares’”, recuerda. “Mi jefe, Walter Briceño, me mandó a entrevistar a Juan Soliz y me impresionó su sencillez, a pesar del puesto que iba a ocupar y el momento tan particular que estaba viviendo. Me recibió en su casa junto a Leticia García, su segunda esposa, quien nos preparó unos tacos que compartimos en medio de una amena conversación. A partir de entonces, nos hicimos amigos y lo pude conocer de cerca".

Después, Diana Eiranova se fue a trabajar con el alcalde. "Me enteraba de todo lo que pasaba dentro y fuera del City Hall".

Según Diana, Juan Soliz frecuentaba la oficina del alcalde: era aliado y amigo de verdad de Harold Washington, a pesar de los rumores que pretendían separarlos. Al parecer, por eso mismo, por el fluido acceso que Juan Soliz tenía al alcalde, por la cercanía de ambos, había mucha envidia en contra de Juan, además porque Juan era muy terco y tomaba la mayoría de sus decisiones sin consultar. "Él era distinto, llamaba la atención, se destacaba porque no hacía las cosas para su beneficio, sino por la comunidad que, sin duda, lo seguía y lo quería", dice.

"No puedo dar nombres porque no me gusta hablar de los muertos, pero fueron los rumores los que, al colarse a la prensa, mostraron a la luz pública la supuesta pugna entre Washington y Soliz y provocaron los malos entendidos que por fin marcaron la supuesta distancia entre el alcalde y Juan Soliz, en realidad hago memoria y puedo decir que había un gran respeto entre ellos dos".

Juan Soliz recuerda aquellos días con emoción: "Habíamos ganado, pero no por eso dejaban de existir diferencias y controversias entre nosotros".

Ganar cambió todo, no sólo afuera sino adentro, en el

partido (se decidió respaldar su candidatura, y lo apoyaron, por conveniencia, según confirman los testigos). Los 'regulares' no tenían representación así que lo apoyaron y Juan, pensando estratégicamente, aceptó el respaldo: "Ni tonto que hubiera sido para no aceptar el apoyo de todo el que me lo diera, eso no influiría en mis propios principios, estaba claro, aquello no era una compra, y yo no seguiría las órdenes de nadie, hacía lo que beneficiara a la gente y este respaldo no cambiaría nada, a fin de cuentas era la gente la que me había llevado a la legislatura ¿no?".

Había sido una elección muy difícil contra Domico —el escogido de la maquinaria—, y Vito Marzulo; por eso triunfar significó tanto. "Recuerdo que cuando tomé posesión llegó la gente en camiones para celebrar, nunca en Springfield habían tenido un mariachi, aquella fue una gran fiesta cuando tome posesión de mi cargo como representante estatal".

Esos dos años en la legislatura permitieron que por primera vez se escuchara la voz de alguien que velaba por los intereses de los inmigrantes latinos. Se presentaron proyectos y se aprobaron leyes en educación, salud y seguridad social, una de estas escuelas fue el Community College del West Side que después llevó el nombre de Arturo Velásquez.

Mientras tanto, en la ciudad, personas como Rudy Lozano, Art Vázquez, Linda Coronado y Jesús García, miembros activos de "CASA" y otros líderes comunitarios, como Juan Velásquez, el reverendo Jorge Morales de la West Town Concerned Citizens Coalition, María Cerda, ex miembro de la Junta de Educación, Peter Earle de la Coalición del West Town y José Cha Cha Jiménez de la organización Young Lords* , entre otros, se dejaron escuchar con mayor fuerza en la calle y en la alcaldía.

Asegura Jesús *Chuy* García que la llegada de Juan a la legislatura fue un enorme paso para reivindicar "a nuestra gente", por primera vez "contábamos con un representante electo", pero la lucha apenas empezaba. "Queríamos cambios en las escuelas, más y mejores trabajos, buscábamos abrir nuevos espacios de poder, organizando a las comunidades y a los trabajadores, soñábamos con el bienestar y la justicia absoluta". Todo era efervescencia.

Rudy Lozano, otro de los líderes clave en la formación del movimiento que llevó a Juan a la legislatura, competía por el distrito 22 contra el veterano concejal Frank Stemberk; no ganó, así que concentró sus esfuerzos en organizar a trabajadores del ramo alimentario, obreros de las carnicerías y a los fabricantes de tortillas. No hubo quien no se entusiasmara y le metiera el pecho a la causa.

"Cuando ganó Harold Washington se hablaba de crear un equipo de transición", comenta Guillermo Gómez, "que al estar cerca del alcalde velaría porque se cumplieran las promesas hechas a los latinos. Como parte de los planes se designaría a un latino como vice alcalde. Juan era uno de los candidatos, por tener una base fuerte entre las comunidades y Rudy, por estar cerca del alcalde y por su gran liderazgo en la Villita". Este cargo nunca se concretó, pero, según Gómez, produjo algunas fracturas dentro del movimiento. Sí, eran tiempos de euforia, pero nadie dijo que de color de rosa. Quienes estaban con Juan optaron

---

* *José Jimenez, fundador de Young Lords, movimiento de derechos humanos a nivel nacional, corrió y perdió para concejal del distrito 46 contra la maquinaria de Richard Daley en 1969.*

por concentrarse en las elecciones del 84, mientras la gente de Rudy prosiguió sus esfuerzos para lograr el puesto de vice alcalde.

Lo juramenté en español

Charlie Kyle todavía era sacerdote cuando Juan asumió el cargo como representante en la legislatura de Illinois y recuerda que Michael Madigan, vocero de la cámara de representantes, le pidió que hiciera la invocación en español: eso es sólo una muestra del significado que tenía aquel momento y el respeto que sentía Madigan por Juan. Aquel día, Juan escribió una página trascendental en la historia política de Illinois. "Lo conocí", recuerda el ahora profesor y líder en derechos humanos Charlie Kyle, "él era amigo de César Chávez, habían trabajado juntos organizando a los trabajadores en California, Chávez le tenía gran estima", continúa el ex sacerdote.

"Juan trabajaba en la oficina legal y para mí, como padre de una iglesia católica, su ayuda resultaba una extraordinaria herramienta para resolver los problemas de mis feligreses indocumentados. Con él estábamos involucrados en muchas actividades en pro de los vecinos, interviniendo para que la policía detuviera las odiosas redadas, liberando a los inmigrantes cuando eran arrestados y abogando para que la gente no fuera deportada, siempre estaba allí dispuesto a dar ese teléfono y aceptar la llamada cuando recurríamos a él. Cada llamada que yo le hacía, por cierto, era una llamada de emergencia, porque significaba la inminencia de un arresto o una deportación. Juan siempre estaba dispuesto con la información precisa. Conozco a centenares de personas que se vieron positivamente afectadas por el trabajo de Juan".

A Juan Soliz no sólo lo querían y admiraban aquellos a quienes ayudó desinteresadamente sino que también se ganó el respeto de los líderes más influyentes del momento, para empezar, aquellos con quienes compartió escena, Harold Washington, Paul Simon y, por supuesto, César Chávez.

El ex sacerdote Kyle trabajaba muy cerca del alcalde Washington por ser parte de una comisión creada para prevenir las pandillas y fue testigo, él también, del respeto que el alcalde le tenía a Juan a quien hizo parte de dicha comisión.

Así que las diferencias que se hicieron más patentes en lo sucesivo cuando en el 86 Juan lanzó su candidatura a la concejalía, contrariando los deseos del alcalde que apostaba a Juan Velázquez, no fue algo que afectara demasiado la relación cordial que existía entre ambos. "Muchas cosas que salían en los medios no eran verdad, se trataba más bien de comentarios perversos de los enemigos políticos de Juan. Yo, que conocía a Juan y que todavía lo considero mi amigo, puedo dar fe de la honestidad e integridad de este hombre a quien los latinos deben mucho", confiesa Kyle.

Charlie Kyle era sacerdote y miembro de la coalición latinoamericana de Lakeview. En una ocasión cuando César Chávez vino a Chicago a organizar a los trabajadores, el obispo de entonces le prohibió a Charlie que participara en actividades políticas, porque los grupos a los que se oponía Chávez daban apoyo económico a la Iglesia. Lo botaron y se fue a La Paz, California, en donde por 30 años trabajó con el movimiento pro trabajadores de Chávez.

Los cambios se pagan con sangre

Jesús García nos comentó que en el fragor del triunfo y las luchas hubo atentados y amenazas contra muchos de los líderes que poco a poco ganaban visibilidad y fuerza. A Juan Soliz esas amenazas y tácticas sucias no le sorprendían, la verdad es que conocía la calle y se movía muy bien con la gente en el barrio de Pilsen, incluso había logrado establecer treguas entre pandillas, por eso no se metían con él, pero con Rudy, sí.

"Su carácter fuerte, pero confiado", recuerda Guillermo Gómez, "le hicieron cometer imprudencias e indiscreciones que, lastimosamente, le costarían la vida".

Rudy Lozano había organizado el sindicado de mujeres de las tintorerías y estaba en conversaciones con un grupo de trabajadores descontentos con el gremio que los representaba. Pero, "las tensiones iban en aumento hasta que en una reunión se produjeron fuertes altercados que sellaron con contundentes amenazas", recuerda García, quien trabajaba en la campaña de Rudy para concejal y aspiraba que fuera electo vice alcalde. El 8 de Junio de ese año 84 se concretaron las amenazas.

Rudy Lozano un político prometedor fue asesinado en su casa por alguien a quien conocía, según informó la policía, unas horas antes recibió una llamada telefónica sospechosa. No se sabe quien habló del otro lado de la línea. Después tocaron la puerta, Rudy abrió, según reportó su esposa a la policía y permitió que la persona usara el baño, después se escucharon los disparos. Rudy Lozano, de 28 años, murió a consecuencia de tres balazos.

Años después, el asesino fue capturado y arrestado, pero nunca se confirmó oficialmente el móvil del crimen, ni quienes le pagaron para que lo cometiera. Sí quedó claro que el asesinato de Rudy Lozano fue una alerta dolorosa y la amenazante respuesta de quienes no aceptaban los cambios que aspiraba el naciente movimiento latino. Carlos Arango comenta que lo que ellos concluyeron es que pudo haber sido la mafia, pero también alguien que se oponía a los planes de Rudy de sindicalizar a los trabajadores de la tortillerías; un enemigo, sin duda.

Ya habían recibido algunos llamados de alerta. En los documentos judiciales se indica que Alfredo Olvera le dio el arma incriminada a su primo Gregory Escobar de 18 años, quien sería el responsable de accionarla; luego se estableció que fue él quien hirió fatalmente a Rudy. Ambos pagaron condena, pero sigue siendo un misterio la razón por la que este prometedor líder hispano fue mandado a eliminar.

Después del asesinato de Rudy, desapareció la idea de escoger a un vice alcalde de las filas del grupo de los progresistas latinos.

Frances Sandoval, la jefe de campaña, secretaria y amiga personal de Soliz recuerda que cuando él le pidió ayuda para lanzarse como concejal, ya era representante. "Ahora quería que lo apoyara en las elecciones en las que participaría por los dos puestos", pero Frances, quien atravesaba un momento muy duro en su vida, estaba segura de que no podría hacer nada. A su hijo se lo habían matado y estaba demasiado deprimida: "Le dije: Juan, yo no puedo ni respirar, este dolor no me permite ni moverme por mí misma". Juan, terco como siempre, no se conformó con su negativa y como siempre lo hacía, insistió e insistió, e incluso llegó a decirle que dependía de ella para ganar, que sin su ayuda perdería.

"Yo no valía nada y Juan me dijo estas palabras: ¿Crees que no puedes, sientes que no quieres vivir? ¡Tal vez quieras que te ayude y te dé una pistola! ¿Es eso es lo que deseas? Luego añadió: ahora si tu respuesta es no, si de verdad quieres vivir, pues ven conmigo, yo te estoy poniendo mi futuro en tus manos, tú vas a *correr* mi campaña", confirma Frances. "Nunca olvidaré lo que hizo Juan por mí, eso me salvó la vida. Al ocuparme de la campaña de Juan, me levanté, pude superar la depresión infinita que me agobiaba por la pérdida de mi hijo, así sané, con la política", suspira.

"Trabajé con él como independiente cuando ganó las dos oficinas, él se quedó con el cargo de concejal y la maquinaria se encargó de colocar a Ben Martínez, el chofer, como representante estatal que era el cargo que venía ocupando Juan".

Frances Sandoval estuvo muy cerca de Juan en todas las elecciones hasta el 91, cuando perdió con Medrano. Según dice ella, "Juan es un hombre que se adelantó a su tiempo, así fue desde que hizo aparición en la escena pública hasta que la maquinaria y las traiciones de los mismos latinos, al final, lo sacaron del juego", se conmueve.

"Pienso que cuando has dado todo y empiezas a ver que tus propios amigos te dan la espalda, te dejan solo y te hacen juegos sucios, es fácil sentirse perdido, de allí pienso que vino su adicción no sólo al licor, sino a las drogas".

Además estaban los hijos y su esposa Leticia con quien al parecer la relación se había tornado muy compleja. "Pero Juan", continúa, "abrió la trocha a todos los que vinieron después, despejó el camino de manera definitiva, y se resteó con lo que creía", continúa Frances, "Se trata de un hombre muy sencillo que daba a veces de lo que no tenía, él pudo ocupar altos cargos en los bufetes con los estadounidenses pero se dedicó a defender a la gente latina, a resolverle sus problemas, fueron suyos todos los casos de inmigración que llegaron a sus manos, y se fajó sin cobrarles, él sabía lo que quería y nunca desvió su camino," puntualiza Frances Sandoval.

Chuy García, Alcalde Eugene Sawyer y Juan Soliz

Juan Soliz, Paulino Villarreal
y Congresista Luis Gutiérrez

Congresista Luis Gutiérrez y Juan Soliz

En su juramento como abogado

Juan Soliz, Leticia García e hijos

Juan Soliz y Alcalde Harold Washington

En Springfield, Illinois con el Gobernador James R. Thompson

CAPÍTULO CUATRO

"En este momento no nos podemos dar el lujo de cerrarles las puertas a nadie, en la vida y particularmente en la arena política, ningún hombre camina solo"

Sin acuerdos ni contratos

"El primer arte que deben aprender los que aspiran al poder es el de ser capaces de soportar el odio".

Esta frase de Seneca está presente a todo lo largo de esta conversación informal con Juan Soliz. Juan, el hombre sencillo que trabajó desde los 5 años, humilde maestro de escuela que después se convertiría en abogado, el escogido para convertirse en el primer hispano en ocupar el cargo de representante en la legislatura de Illinois, y a quien le tocaría aprender a vivir rodeado de personas que lo adoraban y también, que se le oponían, asumiría temprano su primera lección en política: no tomar nada de manera personal.

Llegó muy alto y, con los cargos que ocupó, atrajo traiciones, rabia y el odio de sus adversarios. Sin embargo, cuando habla del tema, justifica estos inapropiados sentimientos: "Son parte de la vida y la política", comenta. "Mis adversarios eran parte de un equipo, que a veces estaban conmigo y otras no. Así se mueven las piezas en la política".

Si algo tuvo que aprender también, y muy rápidamente, fue a manejar el ego y la vanidad ante los halagos que recibía a montones, asimismo los esfuerzos que hizo fueron arduos para que no se le amargara el alma cuando sus antiguos compañeros de filas lo atacaran sin piedad en público y en privado.

"La política es así hay que vivirla para entenderla, no hay malos y buenos, yo siempre actué según mi criterio, si algo no me parecía que tenía sentido lo rechazaba, mi línea de trabajo era la asistencia a los más necesitados, siempre pensaba en el beneficio de los hispanos que me apoyaban, mi gente".

Esta manera de ser y hacer política, creó discordias entre los que esperaban que Juan aceptara, sin protesta, las órdenes de la dirigencia que lo había llevado a la legislatura. Juan no tenía ni acuerdos ni contratos con nadie, sin embargo, siempre actúo según lo que le indicaba su intuición, su propia cabeza, él era independiente.

"Sí, así fui siempre, como cuando le gané a la maquinaria, y entonces ellos decidieron respaldar la candidatura, porque les convenía, y yo lo acepté, pero yo tenía mis propios principios que no se hipotecaban, yo no seguía nunca las órdenes de nadie, hacía, ya lo dije, lo que beneficiara a la gente". Más adelante en declaraciones a los medios Juan comentaría: "En este momento no nos podemos dar el lujo de cerrarles la puerta a nadie, en la vida y particularmente en la arena política, ningún hombre camina solo".

A finales de 1985 el Juez Charles Norgle aceptó apoyar un nuevo mapa de la ciudad y decretó que deberían realizarse elecciones especiales para elegir concejales en los nuevos distritos hispanos y tres en los afroamericanos. Estas elecciones coincidieron con las elecciones primarias del 18 de Marzo de 1986.

Triunfos y rupturas

Cuando se abrieron las nuevas posiciones para concejales, Juan decide lanzarse en el distrito 25, a la vez que aspira la reelección en la legislatura del Estado. Esto ocasionó más rupturas, diferencias y distancias entre Juan y el grupo que lo había llevado al poder. El propio alcalde Harold Washington no estaba de acuerdo, porque para esa posición, él tenía otro candidato, su protegido Juan Velázquez.

"Yo tenía mucha fuerza en el distrito 25, aunque la maquinaria no estaba conmigo, y Washington tampoco me apoyaba. Lo que yo pensaba es que si no actuaba y les dejaba a su disposición la concejalía, iba a tener que depender de ellos entonces toda mi vida política, estaría comprometida", explica Soliz, "yo tenía que garantizar mi base y con eso seguir siendo independiente". Así pensaba, así actuaba.

En el 86 había elecciones primarias y elecciones generales, Juan decidió optar por las dos, algo que hasta ese momento nadie había intentado y al hacerlo, iba contra los deseos de Washington y por lo tanto, seguía cosechando enemigos. Lo que ocurrió fue que Juan Velázquez fue uno de los primeros en introducir una demanda para frenar los deseos de Soliz.

Al principio el Juez Joseph Schneider de la Corte del distrito del Condado de Cook declaró ilegal la doble candidatura de Soliz, pero más adelante los tres jueces de la Corte de Apelaciones decidieron que Soliz podía correr al mismo tiempo para optar a ambos cargos. Así que lo hizo, y ganó, tanto como concejal como la nominación como representante a la legislatura demócrata.

"Era parte de un acuerdo", confirma Juan, "si no ganaba una, tenía la otra, fue aquello muy agitado, una circunstancia que no había ocurrido nunca, marqué un precedente, una elección era primaria y al otra era la general, al ganar las dos posiciones, me decidí por el puesto en el concejo municipal".

Juan reconoce que se trataba de una maniobra de la maquinaria. "Me iban a usar. Si yo ganaba, el partido tenía dos posiciones. Yo me quedaría con el cargo como concejal, que era lo que yo quería y ellos nombrarían a un representante. Pero no era nada malo para mí, esta decisión de correr por las dos posiciones contando con el apoyo de la maquinaria era una tabla de salvación, yo lo vi como una necesidad, de no hacerlo me hubiera quedado en Springfield aislado, mientras mis contrincantes cobraban fuerza en la ciudad, la gente pensaba que yo cedía al control de la maquinaria, pero yo me conozco, aunque me estuvieran apoyando, seguiría mi propia consciencia, tomando mis propias decisiones".

Claro que hubo personas que pensaron que Juan los había traicionado: "Era lo que yo necesitaba hacer en ese momento, aumentar nuestro poder en la ciudad, el alcalde necesitaba mi apoyo y yo estaba dispuesto a dárselo". Asumió el riesgo, apostó a si mismo y ganó.

Fue así como se alzó como concejal por el distrito 25, y Jesús García lo hizo por el 22. En el Distrito 26 después de mucha controversia, ganó Luis Gutiérrez. Un año después

Ray Figueroa sustituiría a Miguel Santiago quien desde 1983 ocupaba el puesto en el distrito 31.

He aquí pues que eran cuatro latinos en el Concejo Municipal, y gracias a ellos ahora Washington podía contar con la mayoría que tanto necesitaba. Lo que no pudo controlar fueron las diferencias que seguían en el seno del liderazgo latino.

Guillermo Gómez, jefe de campaña de Juan Soliz hasta el 86, hace memoria: "Por ejemplo si alguien iba de parte de Soliz a pedir algún servicio al departamento de Sanidad, en donde el comisionado era Velásquez, no lo atendían". Pero ni con Velázquez ni con el alcalde hubo rupturas serias: "Nunca rompimos nuestra relación, yo era un aliado de Washington, siempre voté en favor de sus propuestas en el concejo".

Harold Washington, lo necesitaba y respetaba, por eso lo nombró presidente de varios comités: el de derechos humanos y el del consumidor. Entonces se presentaron y aprobaron proyectos y ordenanzas trascendentales, una de ellas en pro de los derechos de los homosexuales.

Sin embargo, con el tiempo, las rencillas en contra de Juan Soliz se hicieron más evidentes y trajeron consecuencias. A finales del 87 cuando murió repentinamente Harold Washington y buscaban un suplente para el alcalde, propusieron a Soliz, necesitaba un sólo voto de la bancada latina, y sus compañeros no se lo dieron.

Ezequiel Banda Sifuentes, sigue siendo uno de los periodistas más respetados de Chicago, llegó a él para ver a través de otros ojos cómo se movían las piezas en la política: “Entre el 80 y el 90 ocurrieron importantes avances para los latinos y uno de esos protagonistas fue Juan Soliz, quien desde que lo designaron para ser el candidato a legislatura, ocuparía casi a diario, los titulares de los periódicos. Después, cuando muere Washington, el gran orador que había ayudado a mover la agenda política de los latinos, y se busca un sustituto de nuevo se escucha su nombre, él dijo sí, pero los tres latinos que teníamos allí, no lo siguieron”.

Un alcalde latino, lo que pudo ser y no fue

La oportunidad de elegir a un alcalde hispano y competir en los mismos escenarios no se logró por las envidias y diferencias: "Yo me sentía capaz, primero sería suplente y después podría ser reelecto. Los negros no tenían los votos, estaban divididos entre Timothy Evans y Eugene Sawyer. Entonces los blancos, muy astutos, me dijeron: tenemos 24 votos, nos falta uno, el tuyo y otro más. Ni Gutiérrez, ni García, ni Figueroa me apoyaron, perdimos esa oportunidad de que un hispano ocupara la alcaldía, entonces yo voté por Sawyer y me nombró presidente del Concejo Municipal, él sabía que yo podía trabajar con todo el mundo".

Si alguien conoce las intimidades de la vida de Juan Soliz es Paulino Villarreal Jr, tienes que entrevistarlo, me sugirieron varias de las personas con las que conversé para escribir estas memorias. Raúl, el tío de Paulino trabajaba como capitán de precinto en las campañas de Juan, un día se lo presentó y desde ese momento el muchacho de 15 años se sumó al grupo de voluntarios que ayudaban con todo: repartía propaganda, pegaba afiches, compraba la pintura para los carteles: "Iba todos los días, allí me quedé pegado a la campaña, haciendo todo lo que hiciera falta y hasta el día de hoy me considero amigo de Juan".

Paulino, quien después se convertiría en el chofer y miembro de la seguridad personal de Juan, recuerda que le tocó ver muchas cosas. Momentos duros y momentos muy bonitos: "Yo pasaba 17 horas y a veces más con el licenciado, llevándolo para arriba y para abajo. Uno de esos momentos fue cuando enfrentó a la maquinaria en contra de Ambrosio Medrano, todo el mundo decía que estábamos perdiendo, que Juan estaba bajo como por 300 votos".

Los rumores indicaban que en el precinto 7 donde estaba el papá de Paulino, las cosas no estaban saliendo bien: "Bueno resulta que mi papá se presentó con 399 votos para Juan y lo puso en el tope. Tenías que ver la cara de Juan, agradecido con mi papá y con todos. Juan tiene una sonrisa muy bonita, pero ese día lo vi más sonriente que nunca: "lo hice, gané, lo hicimos juntos", decía. Una vez más Juan Soliz le ganaba a la maquinaria.

Paulino recuerda que esta elección fue muy difícil porque la misma gente del partido lo quería sacar, Juan como sabemos era independiente, no era un títere que seguía las órdenes del partido. Como concejal, Juan Soliz hizo mucho por los derechos humanos y en el departamento de protección al consumidor, ese fue su aval. Pendiente siempre de la gente, fue el primero en colocar cámaras de seguridad en la Villita, las que luego Daley, siendo fiscal, mandó a quitar... y luego las puso otra vez cuando era alcalde.

"Juan trabajaba demasiado, a veces ni comía, por un lado, ayudando a la gente, y por el otro, pendiente de sus hijos y de su esposa. Era mucho para él, haciendo de papá y de mamá, yo lo veía llevar a sus hijos a la escuela Saint Pius temprano en la mañana".

Paulino era voluntario en la Saint Pius. Ayudaba a cruzar la calle a los niños, en la zona de la escuela: "Era pequeño pero recuerdo al licenciado, porque siempre salía en la tele y en mi casa hablaban de él. Cuando empecé a trabajar con el licenciado, él estaba con Leticia García, bella persona, pero dominante, lo colocaba en situaciones difíciles, yo creo que ella no lo ayudaba mucho en su posición política, yo diría, que, lamentablemente, era tóxica, esa es mi opinión, tal vez no deberías ponerlo... pero es la verdad, yo lo viví".

Paulino los llevaba a todos lados y, según su opinión, ella no trataba bien a su esposo: "Llegaba gritando y él se quedaba callado, siempre respetuoso, no decía nada, había otras persona en la vida de Juan y Leticia lo sabía, todo eso contribuyó a que ella se deprimiera y se refugiara en el alcohol".

Paulino recuerda cuando nacieron los gemelos, eso fue una tragedia: "La verdad es que no sé cómo hacia esta pareja con tanta cosa pasando dentro y fuera de su casa".

Ni blanco, ni negro: Latino

Juan cumplía su segundo término como concejal, cuando en rueda de prensa en el restaurante "La Concordia", en la Villita, anunció que participaría en las elecciones primarias para alcalde, aunque previamente no había contado con el apoyo de sus compañeros dentro del concejo municipal, para sustituir temporalmente al alcalde, confiaba que en la calle estaban sus seguidores y allí podría lograrlo. En medio de tanta división entre blancos y negros, él era la alternativa.

"Yo leí la constitución y los libros de leyes, leí la Biblia y en ninguna parte dice que hay que ser blanco o negro para ser alcalde", comenzó diciendo Soliz, frente a la masiva concurrencia que acudió a confirmar los rumores de su candidatura, "en medio de tanta división yo quiero asegurarme de que los votantes de la ciudad de Chicago tengan una alternativa".

Juan había sido electo en el 84 como representante para la legislatura, en el 86 como concejal y representante, fue reelecto en el 87 y en el 88 había sido escogido como jefe político del Distrito; y casi pudo haber sido alcalde. "Yo tenía todas las calificaciones, es más: era mejor que Richard Daley a quien lo reprobaron varias veces antes de obtener la licencia de abogado. Yo no estaba lanzando mi candidatura por ser hispano, sino más bien por ser la persona que tenía las mejores calificaciones, y que además, era hispano".

Soliz sentía que aunque no tenía todas las respuestas y soluciones para Chicago, podía trabajar afanosamente con todos. Lo que no aceptaba era que la única opción estaba en elegir a un alcalde blanco o a un negro y por lo tanto no iba a tolerar ningún acuerdo donde dejaran fuera a la comunidad latina.

Finalmente, meses antes de la elección, en medio de nuevas controversias, pleitos y divisiones Juan Soliz retiró su nombre de la contienda para alcalde y decidió dar su apoyo a Eugene Sawyer. Luis Gutiérrez respaldó a Richard Daley y tanto Jesús García como Ray Figueroa le dieron el voto a Timothy Evans, era evidente que los latinos de la alcaldía no se ponían de acuerdo para escoger a un candidato que representaría de la mejor manera los intereses de los hispanos. "Fue una pena que los latinos perdiéramos semejante oportunidad, la de participar y subir a escena en las mismas condiciones que los demás. Teníamos los recursos, la preparación, conocíamos los problemas de la ciudad, teníamos que haberlo logrado..." Quienes impulsaron la postulación a alcalde de Juan Soliz decían que eso, el encumbramiento de un latino, habría sido un modelo para que la juventud se viera en ese espejo positivo que mostraba cuán preparados estaban los miembros de la comunidad latina.

Pero no se pudo. "Me retiré porque Richard Daley cuestionó mi petición y en el último instante no tenía suficientes firmas. Fue una campaña muy corta y candente, contábamos con el apoyo de la calle pero al último momento la gente se confió y no pudimos lograr el número de firmas que requeríamos, necesitábamos dinero y apoyo, las cuentas no me daban, así que me retiré".

Aunque Juan Soliz era el jefe político del partido, el poder no le servía para resolver todos los conflictos que existían entre las fuerzas latinas, en realidad, parecía poder siempre con todo, pero no dentro del partido. Cuando se avecinan las elecciones del 91 sus relaciones con Daley empeoraron. Para apartarlo de aquella contienda o de cualquier otra a futuro lo pusieron a competir con Ambrosio Medrano en el distrito 25, quien aunque no contaba con las calificaciones, experiencia y carisma de Juan tenía a su lado a Daley, Medrano ganó.

"Daley y su gente sabían que yo era una persona capaz y con visión, pero me querían lejos de la alcaldía. No me podían controlar como a otros, así que usaron a los propios hispanos para sabotearme. Personas que eran como mi mano derecha en la política, algunos incluso de mi familia me traicionaron. Les decían: no te pedimos que hagas nada contra Juan, solo abstente de buscar votos o votar por él, no hagas propaganda a su favor, ni nada; a cambio te vamos a dar trabajo y posiciones en el gobierno, lo aceptaron y lo hicieron... se trató de una campaña muy sucia".

Otro aspecto que perjudicó la candidatura de Juan Soliz fueron los nuevos cambios en las delimitaciones de las áreas en su distrito. Ahora el distrito 25 incluía a Chinatown y dividía la zona, donde antes la población era mayoritariamente hispana ahora habían asiáticos con ello se perdieron muchos votos de la gente latina que lo apoyaba. "Además, Daley creó una organización de hispanos demócratas (HDO) que en esencia eran empleados pagados por la ciudad para hacer campaña para él y en contra de Soliz".

Juan siguió como jefe político del partido —ya no en la alcaldía— entre el 91 y hasta el 96.

El peor de los pecados: enfrentarse a Daley

Todavía adherido a la política, con todo y los golpes y cicatrices, Juan Soliz insistió y se lanzó contra Luis Gutiérrez como representante al Congreso, él no contaba con el apoyo de la maquinaria, Luis Gutiérrez sí. En el 94 volvió a lanzarse buscando su candidatura por la Legislatura, ahora en contra de Jesús García: tampoco ganó. Fue entonces cuando decidió dedicarse de lleno al ejercicio del derecho. Había estado en la cúspide, de pronto, todo parecía perdido: "Todas estas campañas eran turbulentas, me afectaban física y emocionalmente, siempre quedaba en bancarrota, así que hice este cambio radical, me dediqué a resolver casos criminales, la verdad es que tenía clientes muy fuertes, no me iba mal laboralmente... en lo emocional, sí, te confieso que me sentía decepcionado y triste, aquello no se parecía en nada a lo que yo más amaba. En medio de esta crisis, empecé a abusar con sustancias", confirma.

"En el 96 yo quería volver a competir por una concejalía", intenta de nuevo el regreso, "pero Richard Daley volvió a intervenir, ahora de manera diferente, me buscó como aliado y me ofreció el cargo de juez. Por supuesto que lo rechacé, no podía aceptarlo, me sentía muy afectado y mi vida no era precisamente un ramillete de virtudes. De ninguna manera lo podía aceptar", recuerda Soliz.

"Juan hizo una locura, tal vez hizo muchas", recuerda Carlos Arango, "pero esta fue la peor porque lo sacó del juego. Retar a Richard Daley y lanzarse como alcalde fue algo que a Daley no le gustó en lo absoluto. No sé por qué lo hizo, porque en ese momento no tenía chance, no existía la estructura y esa decisión tuvo un costo político muy grande, lo acosaron, lo persiguieron, lo desacreditaron para sacarlo de la contienda definitivamente, Juan tenía muchos enemigos dentro del partido", continúa Arango, "en la campaña por el Congreso Nacional, cuando Juan se lanzó contra Luis Gutiérrez, el congresista tenía que haber sido él, pero no tuvo el apoyo ni de Daley ni de la maquinaria, además no contaba con los fondos, diferente al caso de Gutiérrez que tuvo la habilidad de conseguir el respaldo de Daley y los votos de los afroamericanos, los mexicanos y por supuesto de los blancos, ese era un voto decisivo. Juan Soliz, además de estar golpeado económicamente y desacreditado públicamente, estaba débil emocionalmente, me imagino que debió haber estado deprimido, yo lo habría estado", confirma.

"Su imagen dio una suerte de cruel voltereta. En los medios veíamos como se le atacaba sin piedad, se burlaban de su gusto por el licor, las mujeres y la droga. Yo creo que con las campañas en su contra y el descuido de sus asuntos privados se terminó de dañar su credibilidad. Una lástima. Pero así son los asuntos en la política, te levantan y te destruyen".

Juan Soliz lo reconoce, ya para ese entonces tenía problemas serios con el consumo de sustancias estimulantes al punto que ya no lo ocultaba, especialmente cuando se trababa de alcohol. Aprovecharían la circunstancia los enemigos. Sin acusar ni señalar a nadie, Juan confirma que la historia del maletín en donde "supuestamente" le encontraron droga, fue una trampa que le tendieron y que terminó de aniquilarlo y de agregar más dolor a su vida. Es difícil evaluar a una persona en medio de una crisis, tendemos a hacer juicios cuando en verdad la vida es un sube y baja que te pone arriba, otras te lanza por un precipicio sin retorno. A juan le tocó llegar al fondo, producto de sus decisiones. En esencia después de muchos aplausos y triunfos, Juan seguía siendo el mismo, pero las circunstancias, su inmadurez, el dolor de múltiples pérdidas lo lanzaron por un abismo en el que estuvo a punto de desaparecer.

"No se trata de justificarme", comenta, "porque lo que he vivido es la consecuencia de mis decisiones. Soy real, esta es mi verdad, soy el mismo Juan Soliz que ayudó a despertar el espíritu de lucha de la comunidad latina, el mismo hombre que entendió que los ochentas eran nuestro momento para que se escuchara nuestra voz, para lograr el protagonismo que tenemos hoy en la política de Chicago. No lo hice sólo, detrás de mi estuvieron, mis amigos, mi familia, muchos valientes que creyeron en lo que estábamos haciendo y sacrificaron su familia, dinero y su salud".

Juan se perdió en la insanidad, en el 96 aquel Juan forjado a base de sacrificios se desplomó.

Arresto Injustificado

A la corte criminal de la 26 y California llegó Juan Soliz, como siempre. Después de los buenos días y los saludos cordiales en la recepción, intentó proseguir su camino, edificio adentro. Para su sorpresa, se activaron las alarmas y, aunque a los abogados nunca les revisan sus pertenencias, los oficiales a cargo de la guardia y custodia, como si no lo conocieran, le ordenaron que abriera su maletín. No sabe cómo pasó, pero en el interior de la valija encontraron un desarmador y un frasco lleno hasta el tope de un polvo blanco: "La noche anterior yo me había quedado con una amiga. Al levantarme me arreglé y, antes de ir a atender mis casos, pasé a ver a mis hijos que vivían con su mamá, Leticia García. Yo había tenido mi portafolio todo el tiempo conmigo, desde la noche anterior y esa mañana. Después de ver a mis hijos, me fui a los tribunales. No sé, repito, ni cómo llegó, ni cuando me lo sembraron, lo cierto es que allí estaban el desarmador y el frasquito con el polvo. Todo fue muy sospechoso, me arrestaron y sin hacer ninguna investigación me levantaron cargos por tenencia ilegal de drogas".

Juan Soliz enmudece cuando se le pide su opinión acerca de quienes fueron responsables de poner entre sus pertenencias el "polvito blanco", según Frances Sandoval. "Estaba ya separado de Leticia García" —quien por cierto atravesaba por una crisis nerviosa—.

"A mí me llamaron los periodistas, yo era muy amiga de David Córdova de Telemundo y de Jorge Barbosa de Univisión, todos me traían loca preguntándome acerca de la supuesta droga, recuerdo que también me contactó una reportera del Chicago Tribune, me entrevistó y me hizo preguntas muy directas, que si Juan Soliz de veras estaba en el mundo de las drogas, que si cuáles... Yo le dije, que no, que lo que estaban diciendo no tenía nada que ver con el Juan que yo conocía. Claro que, en vista de las circunstancias, yo le pedí a Juan que me dijera la verdad".

Él contó lo que había ocurrido, el polvito no era droga, era bicarbonato, también dijo lo del desarmador y de quién sospechaba. La persona que lo hizo sabía que colocando algo de metal en el maletín se activarían las alarmas. Se trataba de un plan. También comentaría que quien lo hizo nunca lo confesaría ni tampoco sus razones por lo tanto nunca se sabría qué pasó.

La policía hizo el anuncio y los medios lo publicaron. El polvito blanco era, en efecto, bicarbonato. "Yo usaba bicarbonato para la acidez, siempre tenía agruras. Se aclaró, pero el daño ya se había hecho, en cuanto a que me exigieran que abriera el maletín, me queda claro que eso estaba arreglado. A los abogados, repito, no nos revisan, uno puede traer lo que sea...".

Juan Soliz sospecha que la siembra pudo haber ocurrido en la casa de la amiga, su ex mujer, o en algún momento antes de ir a la corte, el que lo hizo fue alguien que sin duda, lo quería desacreditar, de hecho, su caso estuvo destacado varios días en todos los medios locales, nacionales e internacional hasta en CNN apareció.

"Tiempo después, un puñado de personas conocidas, me confesarían que habían tenido que hacerlo. Confirmando así las malas intensiones de una campaña que se orquestó para destruirme; y en cierta forma lo lograron. Todo eso me afectó mucho, tanto que me hundí más en el licor y en las drogas. Por otro lado, también reconozco que fue un grave error enfrentarme a Daley. Lo atacaba públicamente, muchas veces afirmé que era un incompetente y que no sé cuántas veces había hecho el examen para hacerse abogado, en fin, quedaba claro que no era su amigo, a su vez, y para confirmar que él tampoco me quería, utilizó todas las maniobras que tuvo a su alcance para eliminarme".

Luego se produjo otro arresto; se involucraba así en otro asunto dudoso que vendría a empañar más todavía su brillante trayectoria. Juan Soliz se sentía perseguido (y tenía todas las razones para ello) y pronto pudo confirmar que no eran infundadas suposiciones. Manejando, un día se quedó dormido al volante, "no porque había bebido, sino porque estaba de verdad muy cansado", dice. "Hacía varios días que no dormía bien, y comí algo que me cayó mal. Me paré a vomitar ¡y me arrestaron!".

"Sí", admite, "a veces manejaba tomado, pero juro que ese día no, sé que eso está mal, no se debe manejar tomado, pero lo que me pasó ese deja era otra cosa, aquellos policías eran hispanos, pero me detestaban, porque contra ellos también me había metido, tenía varios casos de discriminación y abusos en contra de algunos oficiales, te digo que fue por eso, y no otra razón que me detuvieron, me quitaron mi licencia y me levantaron cargos", se lamenta. "Tenía que hacer algo por mí, así que entonces busqué ayuda bien lejos de Chicago".

Participando en el desfile del 5 de Mayo
en la Avenida Michigan del centro de Chicago

Desfile en la calle 26

Juan Soliz, con el Alcalde Harold Washington y Carlos Ruiz

Juan Soliz acompañando a Jane Byrne, la primer mujer alcalde de Chicago

Durante la campaña para un Chicago más limpio

Juan Soliz en el barrio de Pilsen con voluntarios para un Chicago más limpio

CAPÍTULO CINCO

"Nadie está completo, la vida es muy dura, siempre anda uno batallando, librando esa lucha interna acerca de lo que se debe o no hacer..."

Familia, hijos y esposas

Si hay algo que caracteriza a Juan Soliz es el amor por su familia, como lo mencionamos, reconoce que un error lo obligó a abandonar a su esposa... así como a la amante, pero lo que nunca estuvo en sus planes fue dejar a sus hijos. Se los trajo a Chicago y con ellos trataba de compartir el tiempo libre que le dejaba el trabajo y la política... "Fue un tiempo muy duro", reconoce, "yo tenía que trabajar y además, después de una larga jornada, atender las necesidades de la comunidad latina en mi oficina privada, allí reunía toda la información y daba consejos cuando no asumía a fondo los casos más complicados que me traían cientos de personas que requerían mis servicios legales", recuerda.

"Al principio los niños andaban conmigo, pero era muy difícil ocuparme de ellos y al mismo tiempo atender tantos asuntos, era complicado, tanto para ellos como para mí. Así que a los meses de estar en Chicago acepté la recomendación de un amigo que me sugirió contratar a la señora María Guadalupe Raymundo para que me ayudara con los asuntos familiares y domésticos, esta mujer, a quien quiero como una madre, fue una bendición, mis hijos se quedaban con ella durante la semana, les daba comida y, cuando yo no podía, ella los llevaba a la escuela, yo trataba de pasar el mayor tiempo posible con ellos, te digo, pero a veces era imposible, no sé qué hubiera hecho sin esta mujer".

María Guadalupe, "*Lupe*", la vecina que vivía a varias cuadras de la casa de Juan, era madre de seis hijos y a su media docena le sumó dos más. "Yo los atendía como si fueran mis hijos o mis nietos, mi hija menor tenía 12, así que Juancito y Marisol eran los niñitos de la casa".

Lupe Raymundo confirma que Juan era un buen papá, que los llevaba y traía con puntualidad, siempre estuvo pendiente de que no les faltara nada. "Llamaba constantemente para asegurarse de que todo estuviera bien, él era como un hijo para mí, un buen muchacho, respetuoso y responsable, muy amoroso con sus hijos".

Juan no tenía familia en Chicago, así que los amigos cercanos lo ayudaban en ese trabajo arduo de criar a sus hijos sin la ayuda de la mamá. Se había convertido en un padre soltero que luchaba por ser ejemplo para sus hijos, mientras respondía a las exigencias de la gente y la política.

"María, la mamá de los niños, se había quedado en Seattle y muy pocas veces venía a verlos a Chicago", comenta la señora Raymundo, "en mi familia, creo que consiguieron una amorosa acogida, le dimos la atención que necesitaban, la verdad es que aunque era difícil para Juan, mi esposo, mis hijos y yo hicimos todo lo que pudimos para que aquellos niños tuvieran apoyo y el cariño de un hogar".

Poco tiempo después, Juan Soliz se casó y los muchachos se fueron a vivir con él y Leticia Garcia. "Al principio todo iba bien", dice la señora Raymundo, "Leticia era una mujer cariñosa y muy activa socialmente quien al parecer quería mucho a Juan y a los niños, no sé qué pasó, al tiempo surgieron diferencias, creo que peleaban, finalmente se separaron".

Un vicio llamado mujer

María, su primera esposa, sufrió las consecuencias de un esposo que no sabía decir no, cuando se trataba de mujeres. La engañó con su comadre, estando aún casado con ella, y como él mismo admite, tuvo muchas novias antes, durante y después de casarse con Leticia García. "No es algo que celebre, sencillamente fue así".

Mientras habla no busca justificarse ni que le entiendan. Habla de sus historias y mientras escribo trato de entender, seguir su relato y descubrir al hombre que muchos admiraban y apoyaron, a ese ser amado y odiado. Escucho sin hacer juicios acerca de cómo estuvo con muchas mujeres a la misma vez. No da explicaciones. "Soy así, las amo a todas y como no se decir que no, continúo las relaciones hasta que me descubren".

Siempre le pasa, es como que si a propósito dejara pistas para que lo encuentren y se acabe lo que sea que está pasando. "No quiero dañar a nadie, pero no es fácil dejarlas cuando me dicen que me quieren... yo acepto la relación como un sentimiento bonito, un contacto que se desarrolla y me llena. Empiezo algo, y cuando se acaba, porque me descubren, siento una gran nostalgia, yo nunca soy el que inicia el rompimiento, me dejan y ya".

Juan Soliz hace una pausa, baja la cabeza como niño que reconoce que algo no está bien, entonces intenta explicar su actitud: "Lo que pasa es que nadie está completo, la vida es muy dura, siempre anda uno batallando, librando esa lucha interna acerca de lo que se debe o no hacer... No sé por qué lo hago... es un patrón, una debilidad, amar es otra adicción igual que el alcohol, debes esforzarte en mantenerte sobrio", dice. "Con la bebida uno trata de evadir circunstancias, con las mujeres es más difícil, son un imán, y uno se siente atraído, las busca... es más, es lo que siento y siempre hago lo que siento tratando de ser fiel a mí mismo, uno está en esta vida para vivir, tienes oportunidades y opciones de entrar en contacto con gente y lo aceptas. No lo veo como un adulterio... Si te basas en las escrituras, vas a encontrar muchas contradicciones y conflictos en los libros sabios, así que, aunque creo en Dios, me guío por lo que me dicta mi corazón", confiesa.

"La vida es muy linda y muy corta si puedes dar de ti para ser feliz por un rato o por un año ¿por qué no? En ese camino vas teniendo experiencias, yo no lo veo como algo malo... Ha sido una conducta que se repite pero yo no intento dañar a nadie, a las mujeres las ayudo y las quiero siempre... sí, bueno, algunas quedan dolidas porque no quieren compartirme", sonríe.

"Entiendo que he causado heridas en las parejas que he tenido, haces un compromiso que crees que va a ser para toda la vida, entonces algo cambia en ti, no todo el tiempo eres el mismo... entonces aparecen las diferencias, y buscas un escape, y otra vez encuentras a otras personas que te compensan, gente que te ayuda a llenar ese vacío, parece que nunca estás satisfecho... pareciera que siempre ando buscando algo que me llene, que me haga feliz".

Frank Ávila habla de esta etapa de la vida de Juan pues, a pesar de la diferencia de edad entre ambos, solían irse de fiesta cuando el tiempo y las ocupaciones lo permitían. Tenía 15 años menos que Juan cuando se convirtió en su amigo, era tal su admiración que terminó siendo abogado como él, siempre lo consideró su mentor, pero también su compañero de parrandas. "En las noches, cuando Juan terminaba su jornada laboral, nos veíamos para tomar unas copas, para escaparnos de la rutina. Recuerdo un día en especial, celebrábamos su cumpleaños y empezaron a llegar mujeres de todas las tallas y colores, grandes, pequeñas, feas y bonitas, a él no le importaba eso, al contrario, con gran maestría las bailaba a todas, soltaba a una y agarraba a la otra, ellas hacían fila para bailar con él... Juan era un hombre inteligente, carismático y buena gente que hacía que todas las mujeres, al menos en apariencia, quisieran estar con él", dice.

"A medida que uno madura", interviene Juan Soliz, "crees que encontraste un puerto seguro, que ya llegaste, y no es así, estás atrapado, te quedas tranquilo por un tiempo porque es complicado romper y comenzar de nuevo, pero siempre hay la posibilidad de que se acabe. Yo lo que hago es que cuando se da la ocasión sigo con todo y con todas", se explica. "Somos humanos, no soy perfecto y hay normas que definitivamente no son para mí, a veces sin querer causo heridas, pero no es mi intención".

Se ríe y, tratando de cambiar el tema, para concluir, dice: "Soy un hombre débil, muy fácil con las mujeres". Añade después, "sin embargo, creo que con los años he cambiado, me siguen gustando, claro que sí, pero como no quiero hacer daño, soy discreto, me cuido... es algo entre la persona y yo... aunque la verdad en esta parte de mi vida, no me importa lo que piense la gente ".

Juan acepta que romper con su primera esposa causó dolor a terceros, lo mismo ocurría cuando tomaba. Los excesos con la bebida desde muy joven significaban una constante lucha: “Ante cualquier conflicto o tropiezo que me afectaba, lo primero que hacía era tomarme una copa, ahora estoy en un período en el que no tomo, lo estoy superando, pero es una batalla que no termina”.

Leticia García, la segunda esposa

"Me casé, supongo, que porque la quería, era una mujer elegante y sociable, provenía de una familia muy conocida en el mundo de los negocios. La vi por primera vez en una de las tantas actividades políticas en las que ambos participábamos, en una época, cuando llovían todas las tentaciones".

La familia García movía mucho dinero a través de los bares y restaurantes que tenían en Pilsen: "Gracias a su apoyo organizamos el área donde Leticia había crecido, Western, Cermak y la zona del Bulevar Marshall, la verdad es que en ese entonces me ayudaron... aunque después me perjudicaron también".

"Leticia tenía buen porte", agrega Frank Ávila, "era una compañera muy poderosa que lo acompañó y lo apoyó en todas sus campañas, pero como Juan era muy tremendo, lógicamente tuvieron muchos conflictos... por cierto, a ella le gustaba tomar casi tanto como a él, así que en eso eran muy parecidos", opina. "Pero también fue ella la que lo empujó a avanzar. No sé cómo era su vida privada, pero en la pública se les veía, al menos así fue por un tiempo, como la pareja perfecta".

"Empece a salir con Leticia", confirma Juan, "justo en ese momento en que había mucha actividad y reconocimientos, ella iba conmigo para todas partes, mientras tratábamos de crear un hogar para mis hijos". En el 83 el reverendo Julio Loza, amigo de Juan y quien oficiaba en una iglesia luterana, bendijo aquella unión turbulenta. "Fue una ceremonia muy linda", recuerda el reverendo, "en el jardín de la casa de unos amigos, me alegró ser parte de aquella unión en donde sin duda había mucho amor, fue una ocasión muy especial".

"Yo creo que Juan quiso mucho a Leticia", prosigue Frank, "era una mujer divertida y bella, además, al principio, lo ayudó a construir un hogar para Marisol y Juanito. En el 88, mientras se desempeñaba como concejal y abogado, nació Lissette, la primera hija de los dos. Parecía que saldrían adelante".

"Nuestra relación era intermitente, siempre intentando mantenernos juntos, en medio de tantos acontecimientos, en el 90 tuvimos a los gemelos. Una alegría tener este par de cuates que fue muy corta, porque uno de ellos murió, eso nos afectó muchísimo, a veces me sentía responsable, aunque los doctores nos explicaron que su muerte había sido causada por un problema genético", dice con tristeza.

"Eso fue terrible para ambos, habíamos organizado todo para recibir dos hijos, a los que esperábamos con mucho amor, sólo uno sobrevivió, eso fue muy traumático... La verdad es que hacíamos todo lo posible, o así lo creo, para darles un hogar a todos nuestros hijos, pero para ella resultaba muy duro, complicado, ambos empezamos a tener problemas, nuestra relación comenzó a ser cada vez más caótica difícil de sobrellevar", recuerda. "Como papá yo estaba allí, como pareja, no. Vivíamos en una constante crisis que no supimos superar, así que nos separamos por un tiempo", continúa, tratando de rescatar las partes positivas.

"Al principio fue un tiempo bonito yo pensaba que sería la última vez que me casaría pero con Leticia había mucho drama, teníamos diferencias importantes en la manera de cómo criar y atender a los hijos, con nosotros vivían Juan que tenía 10 años y Marisol 7, los hijos que había tenido con Maria, desafortunadamente, no funcionó".

Un papá dulce y cariñoso

Marisol, la hija de Juan se expresa con la paz y la dulzura de una mujer madura. A sus 39 años no guarda resentimientos. "Mis padres hicieron lo mejor que pudieron en las circunstancias que les tocó vivir".

Marisol tenía 3 años cuando su papá se la trajo a Chicago, andaba con él para todos lados hasta que la señora Raymundo se ocupó de ella y de su hermano, mientras su papá se ajustaba a aquella nueva realidad, tanto en el centro legal como en su oficina privada.

"Primero llegué yo, luego cuando mi papá se organizó, llegó Juan, mi hermano más grande, yo era chiquita, pero recuerdo que mi papá siempre estaba rodeado de gente, me sentía importante al lado de él, aunque nunca entendí ni lo que hacía, ni por qué tenía que pasar tanto tiempo alejado de nosotros. Nos daba mucho cariño en el tiempo que le quedaba, pero yo lo quería para mí y lo celaba de todo, también extrañaba a mi mamá, tenía hambre de ella, ya después me acostumbré".

Atrás, en Seattle, como mencionamos se había quedado María, la primera esposa de Juan, con Vannesa, de apenas unos meses. Según Marisol, su mamá trató de mantener juntos a todos los hijos, pero su papá era abogado y logró la custodia.

Años más tarde, Juan, el hermano mayor de Marisol comentaría que no entendía por qué su papá había querido tenerlos en Chicago, si siempre estaba ocupado, que mejor hubiera sido quedarse con su mamá: "Eso no era posible, mi papá no podía vivir sin nosotros, aunque fuera de a ratos, él nos cuidaba y atendía. Recuerdo una ocasión en que fuimos a visitar a mi mamá, mi hermano que ya tenía como 12 años, intentó quedarse con ella pero no pudo. Llegó la policía y se lo llevaron a donde estaba mi papá. A mi hermano le dolió mucho dejar a mi mamá, por supuesto".Con el tiempo entendió que eso era lo más conveniente: papá cuidaría de los dos mayores y mamá se encargaría de la pequeña Vannesa: "Durante muchos años, pensaba que volverían, pero pasó el tiempo y eso no ocurrió. Mi mamá me comentó que ella trató de salvar la relación para mantenernos a todos juntos, pero ya no era posible, entonces, con tristeza y rabia, firmó los documentos en donde otorgaba los derechos de la patria potestad a mi papá. Fue difícil pero dentro de todo, considero que ambos hicieron lo que pudieron para criarnos lo mejor posible, de eso estoy segura".

Siempre viajaban para visitar a su mamá, comenta Marisol, "aunque, claro, no era lo mismo que vivir el día a día con ella; mi mamá estuvo deprimida por muchos años, finalmente cuando se recuperó, ya era demasiado tarde para regresarnos a casa".

Con la señora Raymundo vivían como en familia, compartiendo con sus hijos, ella los llevaba a la escuela y les daba la comida: "En la noche, cuando venía mi papá, nos íbamos a casa, nos consentía y nos aconsejaba, para mí, mi papá era el hombre más cariñoso, humilde y bueno de la tierra. Nos enseñó a amar al prójimo y a ser buenas personas".

Con María, su mamá, hoy en día tiene una bonita relación, pero por muchos años, la distancia fue la causa de una profunda tristeza, siempre anhelando su presencia sin entender por qué ella no había peleado por sus hijos en la Corte, y por qué los había dejado ir. “Tal vez fue su estado depresivo lo que impidió que mi papá permitiera que nos quedáramos con mi mamá”, deduce Marisol, con la comprensión de una sicóloga, “ahora entiendo que no siempre las cosas salen como queremos, y puedo decir que amo muchísimo a mis padres, a los dos, y ahora que soy mamá de seis, sé lo difícil que es esto de ser padres. Estoy feliz de tenerlos a ambos”.

En el 83, cuando Marisol tenía 7 años, su papá la tomó por sorpresa con una pregunta: “Mi papá tenía una amiga llamada Leticia , se la pasaba todo el tiempo con ella. Un día me dijo: ¿qué te parece Leticia? ¿Te gustaría que me casara y nos fuéramos a vivir juntos? La verdad es que yo quería que mi papá fuera feliz y deseaba tener un hogar con papá y mamá...”.

Al principio todo estuvo bien. “Leticia nos cuidaba, ella era una mujer linda que me enseñaba modales, esas cosas que te enseñan las mamás, baja los codos de la mesa, cierra la boca, no hagas ruido al comer”. Marisol suspira y con una sonrisa grande dice que le gusta recordar lo que aprendió con Leticia, pero no olvida las situaciones que la martirizaban, como los desaires que le hacía a su hermanita Vanessa cada vez que los visitaba. En el 88, Leticia tuvo la primera niña con Juan, se llamaba Lissette: “Por supuesto, mi hermana Vanessa vino a conocerla y de tanto beso y abrazo le pegó unos piojitos a la bebé, la verdad es que no sabíamos que los tenía ¡ay mi madre! Eso la molestó tanto que decidió echar a mi hermanita de la casa. Detrás de ella salí yo. Nos fuimos a vivir a casa de Angie, la secretaria de mi papá, era una chaparrita bien bonita que tenía una hermana llamada Teresa. Éramos muy amigas, allí me quedé un tiempo", recuerda.

"Después me fui a casa de mi tía Sylvia, hermana de mi papá, luego estuve unas vacaciones con mi mamá y así di vueltas hasta que crecí y me casé. Mi hermano Juan se quedó con Leticia, después mi papá y ella rompieron y se lo llevó con él, yo no volví más", dice.

Parte de los problemas por los que Juan dejó a su segunda esposa, Leticia, habría sido esa. La poca paciencia, la indiferencia y el desamor con los que trataba a quienes no eran sus hijos, especialmente cuando ya tuvo los suyos. "Yo le reprochaba a mi papá que no se pusiera de nuestro lado, él era demasiado bueno pero prefería no discutir. Después entendí que esas eran cosas de pareja", explica con madurez.

"En los días previos de irme de la casa de Leticia", comenta Marisol, "conocí a Leti, era mi amiga y confidente, muy honesta, muy suave, me gustaba mucho platicar con ella. Una vez que me enojé con Leticia, me fui a su casa y me sentí muy bien, me daba muchos consejos. Su casa también estuvo en el itinerario de vueltas que di antes de tener mi casa propia... Ella me recomendaba tener paciencia porque todo pasaría, tranquila es una temporadita, me decía, tú estate tranquila, estudia", me tranquilizaba. Ya para esta época Leti Zavala era algo más que amiga de Juan.

"Recuerdo que me regaló un perro chihuahua, me sentí muy feliz porque desde chiquitica quería un animalito, me gustaban los gatos, pero la señora Raymundo no me dejaba tenerlos, con el argumento de que me producían alergia".

Marisol recuerda cuando Leticia quedó embarazada de gemelos y como a los 10 días de nacidos lamentablemente uno de ellos murió. “Eso trajo más drama y tristeza a la vida de Leticia y de mi papá, creo que a ella le gustaba tomar pero, sin duda, después de eso tomó más, yo no sabía qué estaba pasando entre ellos, pero se notaba que lo que fuera les afectaba demasiado. En una ocasión me vinieron a visitar a California mi hermano, uno de los gemelos, ya tenía 9 años; ella no podía disimular su angustia, se veía triste y deprimida, esa fue la última vez que la vi, después se divorciaron”.

De la época de su padre en política, Marisol no guarda buenos recuerdos, porque a pesar de que mucha gente lo quería, había otros que no, y eso siempre le produjo inquietud: “Yo todo el tiempo tenía miedo, miedo por él, me percataba de que publicaban o decían cosas en contra de mi papá y eso me dolía mucho, para mí él era el hombre más bueno del mundo, y yo no podía aceptar, que dijeran nada malo de ese ser que para mí lo era todo”, cuenta conmovida. “Yo veía a los contrarios como ‘gangueros’ que trataban de ganar territorio. En una ocasión, creo que fue cuando mi papá ganó una importante elección ví que por la ventana le tiraban piedras, mientras adentro la gente le aplaudía. Todo eso, era muy confuso y me asustaba, yo no comprendía por qué mi papá tenía que dedicarle tanto tiempo a toda esa gente... ya después supe que era el precio que teníamos que pagar para que los latinos tuvieran una voz y conquistaran un lugar en el gobierno”.

Hoy Marisol, la hija mayor de Juan, vive con sus hijos, un esposo y una carrera, es una mujer feliz que agradece todo lo que sus padres y la vida le han dado. Sin embargo, lamenta el momento en que se enteró lo que había pasado entre su papá y su mamá, y por qué se habían separado, una prima fue la que le contó todo.

"Sí, fue muy doloroso enterarme de que mi madrina, aquella que un día había prometido protegerme y cuidarme, la que me echó agua bendita y quien era la mejor amiga de mi mamá, había sido la misma que nos traicionó al acostarse con mi papá".

Por mucho tiempo Marisol se sintió culpable, pensaba que si no hubiera nacido no habría tenido aquella madrina y su papá no los habría dejado: "Hoy pienso distinto, entiendo que entre las parejas pasan cosas, la gente se quiere y se deja de querer, y los hijos no tenemos la culpa, a mí mis padres me quisieron siempre, siempre supe que podía contar con ellos, aunque entiendo que mis hermanos lo vivieron de manera diferente, pero eso se lo tienes que preguntar a ellos".

Volver a vivir

"Yo creo que lo del vicio comenzó cuando empezaron a llegar clientes relacionados con la droga", comenta Manuel Aguilar, amigo personal de Juan Soliz, "lo buscaban para que los representara porque era muy buen abogado, y estaban seguros de que los sabría defender... pienso que tal vez muchos pagos no eran precisamente con dinero, quiero decir...", lo deja así, sin completar la frase. "Era muy duro todo aquello, yo no quiero hablar de esto... pero si dices que él te lo comentó, entonces sigo... todo eso ocurría en medio de mucha decepción tanto en la política, como en su vida personal", sigue su recuento como que si lo volviera a vivir.

"Nosotros estuvimos con él cuando pasó lo del maletín, al salir de la avenida California, al sur de Chicago, lo fuimos a recoger para que no lo acosaran los reporteros. Juan se veía muy triste, se había armado un escándalo innecesario, porque en ese momento lo que había en el maletín era bicarbonato ¿sabes? como lo dijo consternado el propio Juan".

Juan Soliz, dispuesto a desnudarse en esta, su historia, confirma lo que el amigo no quiere revelar francamente. "En el 96 mi oficina vivía llena de gente, y yo, que parecía entonces una bala sin rumbo, tomaba casos de todo tipo", describe su agenda. "Uno de los problemas que toca enfrentar cuando consumes droga es la falta de voluntad para dejar los vicios; se pone más grave el asunto cuando la tentación es recurrente", confiesa Juan. "Muchos de los casos que defendía involucraban a personas asociadas al mundo de la droga y la droga —que es mercancía, poder, forma de pago— es una cosa muy seria, como el alcohol, empiezas con un poquito y luego quieres más y más, nunca te sacias, hasta que caes en un hueco".

Así que decidió escaparse de aquel infierno y dar un paso hacia adelante. Se fue a Perú, con miras a internarse en el centro de rehabilitación: "Volver a vivir". Tenía que buscar otro ambiente en donde pudiera empezar otra vez, con esa intención viajó a Lima. Allí participaría en un programa intenso de salud que le había recomendado una amiga que quería ayudarlo a que se liberara de las adicciones. Juan quería vivir quería sanar, así que optó por darle un cambio a la vida de aquellos días.

Al principio, acostumbrado a su conducta libertina, no se presentó al lugar donde lo esperaban para el tratamiento sino hasta que a la fuerza los oficiales de seguridad lo llevaron al hospital donde recibiría atención.

"Cuando llegué a Lima dije: ya va, déjame conocer esta bella ciudad, antes de empezar la rehabilitación, me tomaré unos días de vacaciones. Las vacaciones se extendieron por dos semanas, tenía dinero y el tiempo para disfrutarlo. Noté que abundaban las mujeres libres y dispuestas a celebrar, así que aproveché, me lo tomé con calma... Hasta que me detuvieron, me esposaron y me llevaron obligado al centro de rehabilitación". Juan Soliz seguía con su actitud inmadura, exigiendo que se respetaran sus derechos y que llamaran al cónsul, después de todo, era ciudadano americano. Finalmente, el equipo de rehabilitación intervino y lo internaron, no sin antes hacerle firmar un documento de compromiso en el que suscribía de su puño y letra que aceptaba la ayuda.

"Lo necesitaba y lo quería, pero estaba enfermo por

fin ingrese y allí hicieron lo que se supone que tenían que hacer: me lavaron el cerebro y salí limpio, yo sabía que lo necesitaba, yo mismo pagué para que me atendieran y curaran", reconoce.

"En el programa yo me sentía como un esclavo", recuerda; "allí no hay derecho a pataleo, luego que firmas pierdes todas las libertades, es la única manera que tienen para ayudarte", admite. "Me mandaban a limpiar el piso, pero no como se hace normalmente, no te daban una escoba sino ¡un cepillo de dientes con un vasito!... Con ese calorón y muerto de sed, trataba de entender por qué yo tenía que sufrir aquellas humillaciones... después te ordenaban regar las matas en un patio gigante, no con una manguera ¡sino con una cuchara y un potecito de agua!... el asunto es que nunca contabas con las herramientas apropiadas, era así de duro el trabajo de reeducación, muy intenso psicológicamente".

El propósito, según explica Juan, es doblegarte para que entiendas el precio que significa vivir en sociedad en donde el respeto es la primera norma. "No puede uno hacer lo que le da la gana, dañando y ofendiendo, si me revelaba, me mandaban a mi celda sin comida", explica Juan Soliz. Todo esto le sirvió para valorar las cosas que había logrado y que perdió por falta de voluntad.

"El programa te enseña a ser responsable con uno mismo y con los demás", acepta. "Mi experiencia fue muy dura, porque aunque había logrado muchas de las metas, también perdí mucho tiempo tratando de salir del abismo. Hoy ya con esas vivencias quisiera que por medio de estas líneas la gente, y especialmente los jóvenes, supieran que lo ideal es no meterse en esto, ni siquiera por curiosidad asomar las narices, no hay que probar las drogas. Yo reconozco que soy alcohólico: si tomo una copa, ya después no puedo parar. Es difícil detenerse, una cosa te lleva a la otra. Hay que estar muy atento, es lo que digo, empiezas con licor, luego pasas de una droga a otra más fuerte, y el cuerpo o tu mente te exigirán cada vez más, hasta que no puedes parar porque eres adicto".

Juan Soliz comenta que al principio solamente tomaba. Así estuvo como treinta años, y que fue después y eventualmente que consumió drogas. "Más que todo cocaína, la marihuana no me gustaba, pero la cocaína me mantenía tan sobrio como acelerado... uno piensa que el asunto queda allí y que lo puedes controlar, manejar, eso es lo que yo creía, pero no, para nada, la droga termina controlándote, te vuelves dependiente... y te acaba".

El programa "Volver a vivir" en el que estuvo Juan Soliz en Perú, es un sistema basado en el conocido plan de los doce pasos, el paciente tiene que reconocer que está enfermo y que necesita ayuda. "Eso es lo más difícil, uno está débil, así que tienes que buscar y confiar en que un poder superior te ayudará en ese agotador proceso de sanar. Me resistí al principio", confiesa, "pero después lo acepté, por supuesto, y cumplí con el programa, así pude salir".

Salió por un tiempo, pero como suele ocurrir, cualquier situación complicada o de dolor a veces te hace retroceder, en su caso, la muerte de su mamá lo hizo caer en depresión y volvió a tomar. "Soy una persona que puedo funcionar a pesar del abuso, tenía mucha tolerancia, imagínate 50 años tomando". Entonces empezó a tener problemas de salud, tensión alta, colesterol, y encima, no se tomaba las medicinas por temor a que se cruzaran los efectos de los medicamentos con el del alcohol, hasta que tomó consciencia, iba de mal en peor, seguía sustituyendo una adicción por otra, podía morir si no decidía curarse, cumplir la medicación prescrita, tomarse los remedios. La decisión fue tajante: no beber ni una gota más de alcohol.

"Debo decir que me he divertido mucho, conocí a personas con las que viví experiencias maravillosas, pero el alcoholismo, lo reconozco, es una enfermedad muy fuerte que se presenta muchas veces como una seductora tentación, tentación que te domina, te reduce, te puede destruir y después convertirte en nada. Por fortuna me he mantenido sobrio por un buen tiempo, aunque vivo en una constante lucha, no es fácil".

Sylvia Rubio: la hermana de Juan

Cuando Juan decidió hacer el programa de rehabilitación, Sylvia, su hermana, vivía en Kansas. Leticia llegó a su casa y le explicó que por unos meses necesitaría que les cuidaran a los niños: "Me dejaron a Lissette y a Juan Miguel, a quienes inscribimos en la escuela, me sorprendió Leticia con este pedido, porque yo no sabía que entre ellos hubieran problemas, mi hermano siempre ha sido muy privado con sus cosas". Así pasaron varios meses hasta que al terminar el tratamiento ambos regresaron a Kansas, se compraron una casa rodante, allí estuvieron hasta que los niños terminaron la escuela y se regresaron a Chicago. "Mientras los niños estuvieron conmigo, se les veía felices, tenían muchos amigos y les gustaba su escuela, los extrañé, para mi eran como mis hijos", comenta la tía Sylvia. "Ya después supe que mi hermano y Leticia se separaron y que Juan se llevó a los niños a vivir a casa de Leti. La verdad es que no puedo decir nada malo de las esposas de Juan, con todas me he llevado bien. María, la primera era muy buena, mi mamá vivió algún tiempo con ellos para ayudarlos con los niños, ella quería mucho a mi mamá, así que todos la respetábamos y queríamos. En cuanto a Leticia, las pocas veces que la visité en Chicago era muy amable y por lo menos frente a nosotros, trataba bien a los muchachos, eso sí era fuerte, no dejaba que los niños se pararan de la mesa hasta no terminarse lo que le pusieran en el plato". En cuanto a Leti, Sylvia recuerda que era una mujer muy generosa que ayudó a Juan y a sus hijos.

Sylvia, la cuarta de los cinco hijos de Francisca Arenivas de Soliz sólo tiene palabras de elogio para su hermano: "De Juan te puedo decir que es un hombre bueno con un corazón enorme, muy pocas veces lo he visto caído, bueno sólo cuando murió mi mamá".

El 14 de Enero del 2012 a los 88 años falleció Doña Francisca, rodeada de sus hijos y nietos, llevaba años quebrantada y sus hijos habían viajado a Seattle, ese fin de semana para celebrarle el cumpleaños. Francisca estaba muy decaída, no había vuelto a ser la misma desde la muerte de "Toña" María Antonia, otra de sus hijas: "Tal vez por el dolor de la pérdida o producto de los años mi mamá se volvió incoherente, ni sus palabras ni sus ideas tenían sentido, empezó a perder peso y poco a poco la fuimos perdiendo. Aquel fin de semana, continúa Sylvia, de todas partes llegaron sus hijos y nietos, queríamos celebrar la vida y el sábado en la madrugada, el mismo día previsto para la fiesta se nos fue, se le bajó la tensión y cuando llegaron los médicos ya no había nada que hacer. Para todos fue una gran pérdida, la amábamos. A Juan especialmente le tomó tiempo recuperarse, se derrumbó, yo creo que la muerte de mi mamá fue uno de los golpes más fuertes que ha recibido mi hermano", concluye Sylvia. Juan comparte la posición de su hermana, porque ella fue madre y padre para él y sus hermanos: "Yo era muy cercano a mi madre, la visitaba siempre, estaba pendiente de su día a día, la verdad sí, fue un dolor muy fuerte, mi mamá era mi guía y mi todo, cuando la perdí, te digo no quería vivir, nuevamente a pesar de haber estado en rehabilitación volví a tomar".

Leti Zavala

Se juntaban y se separaban, así era la relación entre Leticia y Juan cuando se fue a Perú a empezar el tratamiento indicado. Más adelante ambos se reencontraron en el país suramericano, en donde ella también intentaría buscar ayuda para sus problemas de adicción; allí permanecieron varios meses. Finalmente los dos regresaron a Kansas a recoger a Lissette y a Juan Miguel (los hijos de Leticia) que por aquel año estuvieron a cargo de la hermana de Juan, mientras sus padres buscaban ayuda a sus problemas de salud.

"Esto ocurría en Mayo de 1998, allí estuvimos unos meses esperando a que los niños terminaran la escuela, pero la idea era regresar lo más pronto posible a Chicago para resolver cosas pendientes". Días intensos y dolorosos, con Leticia García no ocurrió nada distinto a lo que estaban ya acostumbrados. Otra vez se habló de divorcio, pero no se concretó sino hasta el 2000 cuando ella, finalmente, accedió a entregarle la patria potestad y los niños a Juan Soliz. En Chicago lo esperaba su amiga Leti Zavala, con casa nueva, cariño y con Pakal, el hijo que ella había tenido con su primer esposo.

"Leti y yo éramos amigos desde el 87, aun estando casado con Leticia. En realidad éramos muy cercanos los tres, incluso ella, Leti, me ayudaba con los niños más grandes. Yo tenía tantos problemas con Leticia García que en Leti encontré el apoyo que necesitaba, tanto para mí como para mis hijos".

Se vieron a escondidas por un tiempo, pero Juan no

podía ofrecerle lo que Leti deseaba: matrimonio, así que se dejaron y fue en ese tiempo que Leti conoció al padre de Pakal, Hugo Gonzalez, el señor que nos recibió en la casa de Juan cuando lo visitamos para escribir esta historia.

Juan hace memoria y recuerda que fue en el año 90 cuando terminó aquella relación paralela, Leti le exigia que dejara a Leticia, pero Juan Soliz no podía, sus hijos estaban pequeños. Ella, cansada de esperar, lo dejó y se casó con Hugo, al tiempo tuvieron a su hijo, esta relación fue muy corta, entonces Leti fue al rescate de Juan quien para entonces continuaba haciendo ajustes en su atropellada vida. “Ese niño que ella tuvo lo aprendí a querer como si fuera mío”.

La historia como la cuenta Juan Soliz es bastante complicada porque, al parecer, estando en Kansas en medio del proceso de divorcio, Leti, quien para entonces ya se había separado de su esposo, lo fue a visitar y logró convencerlo de que se regresaran a Chicago, no era nada fácil lidiar con las dos Leticias una que ya estaba de salida pero insistía en quedarse y la otra que se había ido, pero quería regresar. Y Juan, en el medio, con sus dificultades para tomar decisiones, tratando de encontrar lo que siempre parecía buscar, un hogar para él y sus hijos.

“Mi amigo Manuel Aguilar me ayudó a manejar, de regreso a Chicago, yo no podía hacerlo porque tenía un *DUI* (término que se utiliza para quienes tienen cargos por manejar bajo la influencia del alcohol). Conmigo me traje a mis hijos pequeños, ya para entonces los dos mayores, Marisol y Juanito, eran independientes. Juan tenía apartamento y Marisol se había casado”.

El 14 de Febrero de 1999, en pleno proceso de divorcio, Juan Soliz se mudó a la casa de su amiga Leti. La boda con ella no ocurrió sino hasta el 2002, desde entonces vive con ella, con quien dice mantener una relación bastante estable, ella ha sido una mujer muy solidaria y sigue siendo una gran amiga.

Lissette: los cambios me hicieron mejor persona

"Iba a cumplir 11 años cuando me vine de vacaciones a Chicago", comenta Lissette, la primera hija de Juan con Leticia García, la pequeña para entonces vivía en Kansas, entre la casa de la tía y su mamá. "No sabía mucho lo que pasaba, pero aquel año mi hermano y yo nos quedamos a vivir con mi tía Sylvia, después al terminar la escuela, nos vinimos a Chicago". Esa sería la última vez que viviría con su mamá, pues para entonces con la vida más organizada, después de recibir tratamiento en Perú, Juan logró el derecho a quedarse con los dos pequeños. "Llegamos a Chicago y la primera noche nos quedamos a dormir en casa de Leti, cuando me inscribieron en la escuela cerca de allí, supe que ya no volveríamos a Kansas, Lissette hace una pausa y suspira, "aquella decisión me agarró por sorpresa, atrás habían quedado mis amigos, mi escuela, la verdad es que estaba triste y molesta con aquellos cambios, pero qué podía hacer era una niña, celebré mi cumpleaños en casa de Leti, en medio de sentimientos encontrados feliz con mi papá, triste por haber dejado a mi mamá, mis amigos y mi escuela, ese año empecé en Chicago mi quinto grado en la escuela primaria". De Leti no guarda malos recuerdos: "ella hacía lo mejor por atendernos, teníamos una casa linda que me gustaba, podría decir que allí transcurrió parte de mi niñez y adolescencia, nada fácil por cierto, era rebelde, pero la presencia cariñosa de mi papá ayudaba a compensar todos aquellos cambios que nos imponía la vida, acepta conforme Lissette".

"Mi mamá, quien atravesaba por un momento de

depresión, tuvo que acceder a dejarnos ir con mi papá. Ella conocía a Leti, habían sido amigas, así que creo que esto le daba tranquilidad, sabía que estaríamos bien. De lo tiempos en política de su papá recuerda que lo acompañaban a repartir comida y juguetes para los homeless (personas sin recursos). "Mi papá siempre ayudaba, era una tradición que se mantuvo por muchos años, nos íbamos a la escuela Benito Juárez y servíamos comida y regalábamos juguetes a los niños pobres. Esta era una actividad familiar que disfrutábamos todos".

A Lissette, una jóven casada de 28 años, le tocó madurar rápidamente. Terminó la secundaria en tres años, antes que todos sus compañeros y con apenas 17 ingresó a la Universidad de Illinois Chicago (UIC), donde se licenció como maestra. Hoy piensa que la vida y los cambios que le tocó vivir la ayudaron a crecer rápido y la hicieron una mujer fuerte y decidida. "Soy maestra y lo vivido me dio las herramientas para entender a mis estudiantes, soy mejor persona por los altos y bajos que tuve que enfrentar y superar", continúa, "no juzgo a nadie, lo que viví me trajo hasta aquí, estoy conforme y agradecida".

De su familia guarda buenos recuerdos, por ejemplo al referirse a Marisol y a Juan, sus hermanos mayores, dice que entre ellos siempre ha habido un gran cariño, no sentía que hubieran diferencias, nunca "medio" hermanos o algo parecido: "Desde que nací ellos estaban allí, Marisol y Juan son mi hermanos y punto, somos muy cercanos... tal vez con Vannesa ha habido un poco de distancia pero es porque vive lejos, pero si algo nos enseño mi papá, es que todos éramos iguales, todos somos hermanos".

El niñito de la patineta

Malvina García era vecina en Palos Hills, en las afueras de Chicago, cuando Juan se mudó a vivir con Leti Zavala. Leti se había separado de su primer esposo, ahora con Juan intentaría crear un hogar para su hijo Pakal y los hijos de Juan.

"Un día venía manejando de mi oficina a mi casa para llevarle la comida a mis hijos, cuando frente a mí, en dirección contraria, vi a un muchacho que venía a alta velocidad y sin control en su patineta. Lo que era bajada para él, para mí era subida, de inmediato frené asustada ante la sorpresiva aparición de aquel niño que a esa hora debía estar en la escuela. No sé si por el susto o por no poder controlar la patineta el muchacho se tiró al piso, Dios no quiso que lo atropellara, pero debajo de una de mis ruedas delanteras fue a tener la patineta, los dos nos quedamos paralizados", recuerda Malvina García con total estupor.

"Finalmente reaccioné, lo metí en mi carro y, como si fuera mi hijo, lo regañé y le pregunté por qué no estaba en la escuela, que dónde vivía... que quién era su mamá y su papá: él me dijo hablando muy bajito, como susurrando: mi papá es Juan Soliz y vivo con mi madrastra... y no fui a la escuela porque no me sentía bien".

Aquel niño llamado Juan Miguel, hijo de Leticia García y Juan Soliz, y quien ahora vivía con su madrastra, Leti Zavala, se convirtió en amigo de los hijos de Malvina y en un invitado permanente a las comidas, piscinadas, paseos y actividades familiares. Tan es así que cada sábado, Juan llegaba con un billete de 100 dólares, dinero que Malvina nunca le aceptó, para pagarle a la vecina por los gastos de comidas y paseos en los que incluía a su hijo: "el niñito de la patineta".

"Ya yo conocía a Juan porque nos veíamos en actividades sociales de la ciudad, pero no sabía que desde hacía unos meses, el famoso político de Chicago, se había convertido en mi vecino. Era un caballero que ayudaba a los negocios hispanos, y como yo tenía varias floristerías, siempre me compraba flores para sus eventos públicos y privados. También era frecuente encontrarlo en el restaurante Salvador, un lugar súper chic en donde iba la crema y nata de Chicago. Por cierto, tengo una foto con él tomada allí mismo, en la celebración de uno de mis cumpleaños".

A raíz del incidente con Juanito, las familias de Malvina y de Juan Soliz también se hicieron amigas. "Recuerdo que Juan tenía siempre palabras de cariño para nosotros, nos agradecía que hubiéramos acogido a su hijo como si fuera nuestro: no tengo como pagarles, decía. El tiempo nos volvió a juntar y si algo me debía, me lo pagó con creces".

En el 2006, Malvina se fue a vivir con sus hijos a Canadá y no volvió a saber de Juan Soliz y su familia hasta que necesitó sus servicios como abogado por un asunto legal. Por supuesto que Juan Soliz, quien siempre estaba ocupado buscó el espacio para ayudar a la vecina, por varios meses dedicaba la hora de almuerzo de cada viernes para revisar el progreso del caso de Malvina. Paso a paso lo fue llevando hasta que lo resolvió, cuando ella le preguntó al término de la gestión cuánto le debía, él le dijo algo que Malvina no esperaba: "No me debes nada, por fin puedo saldar la deuda contraída contigo por todo lo que hiciste durante tantos años al acoger a mi hijo".

Malvina había escuchado del profesionalismo de Juan, pero no fue sino hasta que vivió esta experiencia cuando supo la magnitud de la generosidad de aquel hombre a quienes muchos llamaban "el abogado de los pobres". "Recuerdo que un día estábamos en la Corte y una señora, cuyo hijo estaba siendo defendido por Juan, le entregó un dinero en pago por sus servicios, Juan la miró con gran compasión y le dijo: no señora guárdese ese dinero no me debe nada, lamento decirle que a su hijo le dieron cinco años de cárcel", recuerda con asombro Malvina García. Por lo general hay abogados que no han empezado tu caso y sólo por escucharte ya te exigen un adelanto, Juan a veces ni cobraba, confirma lo que ya nos han dichos otros tantos. "Ese es el Juan que yo conozco y que la gente respeta y quiere, siempre dispuesto a ayudar a todo el que lo necesita", afirma Malvina.

Malvina quedó tan agradecida que se prometió hacer algo para compensar el favor tan grande que Juan le había hecho, así que empezó a investigar acerca de su vida y para sorpresa suya encontró que aquel hombre sencillo y bueno tenía una vida digna de ser contada, de allí que con la ayuda de Leti, su hermana Sylvia, Juanito, el hijo de Juan, y su compadre, comenzó a desempolvar la historia de Juan Soliz: "Quería hacerle un regalo especial, así que me di a la tarea de buscar sus fotografías. Eran miles de cajas con fotos, diplomas, periódicos, revistas reconocimientos que juntos desenterramos de los closets, áticos y maletas olvidadas... recuerdo que al final de la jornada terminamos con alergias, a consecuencia de tanto polvo acumulado", sonríe.

"Pero qué descubrimiento tan maravilloso fue toparme con aquel tesoro fotográfico, aunque algo desgastado por la humedad y el tiempo, en donde se revelaba el camino de triunfos y derrotas que le había tocado vivir a Juan. A medida que abría cajas y me encontraba con los retazos de la vida de Juan me di cuenta que aquellos sucesos iban de la mano de la historia de los latinos en la política de Chicago y que había que hacerlos públicos", asegura. "Primero creé una galería de fotos para su oficina, luego para el día del padre le hice un documental fotográfico. Creo que aquel trabajo fue el impulso que necesitaba Juan para decidirse a compartir su historia", deduce feliz.

El gemelo que sobrevivió

Juanito, Juan Miguel, no recuerda el incidente de la patineta, pero sí que pasaba mucho tiempo en casa de la vecina Malvina: "Sus hijos eran mis amigos y con ellos íbamos al cine y a paseos, recuerdo que a veces cuando me quedaba a cenar me daban gorditas que ellos llamaban arepas", junta los recuerdos.

"A casa de Leti nos mudamos cuando yo estaba en el segundo grado, allí nos quedamos mi hermana Lissette y yo hasta que me gradué de secundaria. A pesar de la separación de mis padres, creo que mi infancia fue bonita, viajábamos mucho, eso sí. En cuanto a mis hermanos, recuerdo que íbamos en verano a visitar a Marisol de esa manera manteníamos contacto, mi papá se las ingeniaba para mantenernos unidos y que no nos faltara nada".

Del tiempo de su papá en política no recuerda mucho: "Yo era pequeño cuando mi papá andaba en eso, así que de esa época no tengo muchas memorias, sé que lo conocían en todas partes. Ahora que estoy grande y comparto algunas de sus actividades me doy cuenta de que la gente lo quiere, eso me llena de orgullo, porque sé que mi papá todo lo que tiene se lo ha ganado", dice con satisfacción.

"Yo también voy a ser abogado, pero un poco diferente a mi papá trabaja demasiado y a veces ni le pagan a mi espero que sí que me paguen", concluye sonriendo.

Tan cerca como pueda de mi abuelo

Desde los trece años Athena es la recepcionista, la que atiende al público y escucha lo que necesitan. Cada sábado por la oficina de su abuelo ve desfilar a decenas de personas buscando ayuda y asesoría. "Empecé aquí cuando terminaba el Séptimo grado, acababa de conocer a mi abuelo cuando me dijo, mija quieres trabajar los Sábados conmigo?... mi respuesta fue inmediata, recuerda Athena Soliz, "imagínate trabajar en un bufete de abogados, con una persona tan famosa como Juan Soliz, sonríe complacida, "Atendería los teléfonos, recibiría a la gente y sobre todo estaría cerca de aquel ser tan especial que empezaba a ser parte de mi vida. A mi abuelo lo conocí cuando tenía 13 años, y desde entonces es una de las personas que más quiero y respeto".

Por razones que no desea explicar, estuvo alejada de la familia de su papá: "Recuerdo, dice, que cuando cumplí 13 años, mi abuelo me dijo que si quería pasar el fin de semana en su casa, que invitara a unas amigas para celebrar mi cumpleaños. Yo tenía dos amigas, Angela, María y mi prima Cristina, nos llevó a cenar a todas y después me comentó que iríamos a una tienda a comprar lo que yo quisiera, me encantaba la idea, pero andaba con mis amigas, me daba pena, el se dió cuenta y me dijo, hagamos una cosa, en vez de comprarte muchos regalos a ti, les voy a comprar algo a cada una, recuerda emocionada, "imagínate regalos para todas, aquel gesto tan bonito en donde mi abuelo me mostró que no sólo quería complacerme a mi, si no a las personas que me importaban,me unió a él para siempre".

Sin embargo el abuelo no todo el tiempo es tan suave y complaciente, si llega tarde le llama la atención: "No lo hace por molestarme, sino para que aprenda, el es mi modelo, la persona que me enseña, me respeta y me hace sentir que soy importante y que valgo. Siempre me está dando consejos, por ejemplo que no dependa de nadie y que trate de ver lo mejor en las personas , aún en aquellas que puedan ser rudas y malas, él me ha enseñado a ser generosa y compasiva, comenta Athena, yo veo como es con la gente, siempre buscándole la vuelta para darles la mano".

A Athena, la única hija del mayor de los hijos de Juan, le gustaría ser policía, pero sus aspiraciones por ahora tendrán que esperar porque tiene dos hijos, Jaylen de 3 años y Amaiya de 2: "Mi abuelo me anima a seguir adelante, pero ambos sabemos que mis hijos son la prioridad, así que por ahora, tendré que esperar y seguir aprendiendo con él, algo que disfruto y me encanta".

Juan Soliz con su hija Lissette

Juan Soliz con Leti y sus hijos,
Pakal, Juan Miguel, y Lissette

Juan Soliz con sus hijos en Seattle, Washington
Marisol, Vanessa, Simona, Juan Miguel, Lissette, y Juan Manuel

CAPÍTULO SEIS

"Ser independiente es un precio que he tenido que pagar toda la vida".

La política, etapa superada

Desde que Juan perdió en la última elección para concejal contra Danny Soliz por el distrito 25, considera a la política como una etapa superada. Juan no estaba listo para lanzarse de nuevo, "además me desafiaban por la cuestión de mi residencia, porque tenía dos casas, una en Chicago y otra en Orland Park".

Juan Soliz se enfocó tanto en defender el derecho a tener dos residencias, que descuidó la campaña en sí: "Gané lo de mi residencia, pero no me ocupé de la campaña política ni de los planes que pensaba ejecutar para mejorar nuestra comunidad, claro, esta circunstancia me desmoralizó".

Pasaba horas y horas en reuniones discutiendo con la junta de elecciones, todo esto era premeditado, un plan así concebido por la maquinaria para desgastarlo: "Ser independiente es un precio que he tenido que pagar toda la vida. Hubiera sido más fácil seguir los lineamientos del partido y vivir de la política, pero yo no era así".

En la elección del 2007 nuevamente Juan Soliz intenta competir para concejal enfrentando a Danny Soliz quien era el escogido del alcalde Richard Daley; también tendría que vérselas con otros contrincantes, Ambrosio Medrano, quien había estado preso por corrupción, y Cuahutemoc Morfin, un oficial de la cárcel de menores, cuyos méritos consistían en haber organizado la masiva marcha de 2006.

Daniel Soliz, como se esperaba, resultó electo para el cargo y desde entonces Juan Soliz nunca más participó en ninguna otra contienda política.

"La política te agota física y económicamente, cada vez que terminaba una campaña quedaba exhausto y en bancarrota". Ahora Juan Soliz no está en política pero sigue apoyando a los que sí están. "Después de todo, he podido darle el apoyo a personas latinas que se han postulado en diferentes cargos y se han ubicado en importantes posiciones, apoyé, por ejemplo, la campaña de *Chuy* García... No estoy aislado, tengo muchos amigos dentro de la política, lo que pasa es que ya no tengo el deseo de estar adentro, no quiero volver a luchar por ningún puesto en el gobierno, pienso que ayudo y logro más desde mi oficina de abogados, ya no tengo ese tipo de aspiraciones", concluye convencido.

"Creo que no soy el único que lo ve ahora mucho más enfocado, sereno, acaso muy cercano a lo que era cuando llegó hace más de 40 años", comenta Carlos Arango. "No creo que quiera regresar a la política activa".

Sin, embargo, no está de más reiterarlo: "Juan fue muy importante, tuvo un gran momento, y sin duda, gracias a su aparición tan contundente en la arena pública, dejó una huella imborrable, él ayudó a abrir el camino a muchos de los que ahora están en el poder", —indica tratando de hacer justicia, Carlos Arango—.

"Creo que es importante hablar de lo que hicimos, me alegra que se escriba esta historia, porque tuvimos un movimiento muy fuerte que ahora está dormido. Recientemente en el 2015, con Chuy, pareciera que vimos un despertar, siempre habrá rencillas y diferencias para eso está la historia para aprender de ella y no repetir los errores, creo que este es el momento para tener un alcalde latino, hay que hacer ajustes, porque nuestra representación, lamentablemente, se ha vuelto muy mediocre y oscura. Hay mucho conformismo, no tenemos una voz que lidere, pareciera que todos estamos de rodillas pidiéndole a Michael Madigan que nos dé una limosna, habrá que esperar a ver si con los nuevos que entraron podemos lograr una independencia, un bloque que de verdad represente a los latinos. Chuy podría ser quien encabece ese liderazgo, ya nos toca ¿no?", concluye Carlos Arango.

Nadie aprende en cabeza ajena

Cuando Juan decidió hablar de su vida privada, pensó que, además de dar testimonio acerca del movimiento latino en Chicago, quería que su vida, tanto en la política como en lo personal, sirviera como reflexión para quienes necesiten hacer cambios y deseen iniciar un nuevo camino: "Me he caído muchas veces y cuando me he levantado, he sentido que soy más fuerte y mejor persona".

Sabe que nadie aprende en cabeza ajena, pero sus vivencias podrían convertirse en herramientas para abrir que otros en situaciones como las que él vivió decidan buscar ayuda: "Una de mis fortalezas es mi trabajo, o tal vez podría verse como una debilidad. Trabajo y trabajo y siempre estoy atrasado. Lo mismo me pasa con los niños, amo a mis hijos y han sido ellos quienes en momento de crisis me han mantenido a flote. El trabajo y mis hijos son los pilares que sostienen mi vida, por ellos, cuando me he derrumbado, he podido volver a levantarme, eso tal vez podría ayudar a otros, saber que hay momentos duros que podremos superar y siempre volver a empezar".

Hoy Juan Soliz califica su vida como "rutinaria". Se levanta temprano, atiende a Pakal, su hijo adoptivo, pasea al perro, le da de comer al gato y se va a la oficina, dice que si deja espacio y se sale de esa rutina inventa. Que el trabajo es lo que lo mantiene alerta y enfocado: "Mi pasión siempre fue el trabajo y la política y la manera como pude destacarme fue comprometiéndome sobre la marcha, la agenda siempre tan intensa fue marcando la pauta de lo que tenía que hacer".

Le gusta ayudar, dedicar su tiempo, su energía y conocimientos para apoyar a la gente, a veces sin importar los sacrificios que eso representa: "No era un lujo, fueron difíciles aquellos días cuando incursioné en política, tenía a mis hijos, era padre soltero, todo era muy complicado. Significaba una lucha constante", repasa Juan, "tratando de quedar bien con todos y al mismo tiempo luchando por un cambio social. Es un compromiso que te nace de manera espontánea, creo que nací para eso, desde que estaba joven era lo que quería hacer. Por fortuna no estuve solo, mucha gente ha estado a mi lado, familia, amigos, voluntarios, una comunidad que necesitaba un liderazgo para lograr los cambios, era parte de algo más grande que se tenía que hacer y yo estuve en ese proceso".

Juan Soliz reconoce que la suya ha sido una vida acelerada —y apasionante, sin duda— en donde se manifestaron en mayor o menor grado el coraje y el miedo dos fuerzas siempre enfrentadas. Serían esas luchas, con sus triunfos y derrotas, y el vivir intensamente las que lo modelaron hasta ser lo que es hoy, un hombre curtido a quien la vida le sigue dando oportunidades de dar, crecer y aprender.

"No hay nadie perfecto, pero te puedo decir que he hecho lo mejor que he podido... A diferencia de mi papá, que se desapareció y venía de vez en cuando, yo he estado todo el tiempo para mis hijos porque sé el significado que tiene estar allí como papá, ellos creo que también lo valoran".

Todos son mis hijos

“Amo los niños, me encanta lidiar con ellos, hice lo que pude para quedarme con todos y criarlos”, precisa. “Era complicado porque en los 80, cuando me traje a los dos chiquitos que tuve con mi primera esposa, no era común que un hombre sólo se ocupara de los muchachos, lo mismo ocurrió con los hijos que tuve con Leticia, la segunda, yo los atendía todo el tiempo”.

No sólo se ocupaba de sus hijos de sangre, también fue papá de los hijos de sus parejas y, según confiesa, fueron experiencias bellas y dolorosas: “La primera a la que crié fue a Simona, la hija de María. Tenía sólo dos años cuando llegó a mi vida. De chiquita me llamaba ‘daddy’ y todavía hoy a sus cuarenta y tantos años me sigue llamando igual. Siempre está en contacto conmigo, a veces más que mis propios hijos, es la primera en felicitarme el día de mi cumpleaños o el día del padre. Yo les daba atención y cariño, los trato como si fueran míos, ellos no tienen la culpa de los errores de los adultos. Igual me pasa con Pakal, mi hijastro, el hijo de Leti con Hugo, ese muchacho es mi vida”.

Pakal, hijo único de Leti, es un joven de 21 años que nació con necesidades especiales y quien junto a su mamá, su papá y Juan comparten la misma casa. Esta situación, para muchos inusual, es la perfecta para que Pakal reciba la atención y el afecto que necesita. “Los niños se traumatizan cuando uno de los dos padres se va de la casa, yo lo sé, así que a mí no me importa que bajo el mismo techo vivamos los tres, si eso beneficia a este hijo que no lleva mi apellido pero que quiero como si fuera propio”, revela.

"Cada mañana se levanta conmigo, le doy desayuno, lo dejo con las cositas que le agradan, lo que él me pida. Lo llamo durante el día, cuando puedo lo llevo a comer y lo tengo conmigo en la oficina. Es parte de mi vida, no lo veo como un hijastro a veces le doy más atención que a los propios... ¿cuántos? son siete: cinco míos y dos adoptados".

Los ama a todos por igual y cuando se separó y se tuvo que ir, y no se los podía llevar porque no eran de él, sufrió por ello y se esmeró en mantener contacto —nunca lo perdió— como ocurrió con Simona, quien tuvo que quedarse atrás, cuando se vino a Chicago con Marisol y Juanito. "Cuando me divorcié de mi primera esposa yo podía haber dicho adiós, me voy, y dejar a María con los muchachos, pero me resultó sencillamente imposible", dice. "No podía, no me lo permite el corazón, es mi conciencia, en eso soy distinto a mi papá. A él no le guardo rencor, he aprendido a justificarlo y a entenderlo, y tal vez porque no lo tuve, soy muy sensible a esa situación, pero no quería que mis hijos crecieran sin papá, como yo, esa fue una de mis grandes batallas", señala. "No hay resentimientos contra mi padre, pero la vida me enseñó que, en lo que se refiere a los niños, yo sí podía hacer las cosas de una manera distinta; así que dentro de lo que pude les di prioridad a mis hijos, a todos por igual, acaso atendiendo con más dedicación a los ajenos que a los míos... como padre he hecho todo cuanto he podido... les di amor, educación y herramientas para que fueran independientes", sostiene. "Hay quienes quieren tener a sus hijos amarrados y debajo de sus alas, aún después de que son grandes, pero eso es un error, ellos tienen que volar y uno también. Si me necesitan, saben que aquí estoy. Yo creo que he sido un padre responsable y la mejor recompensa es el amor que me dan cada vez que nos encontramos, estoy muy agradecido a la vida por ello".

Juan, el abogado del pueblo

A David y a Maribel les tocó compartir la oficina con Juan por dos años, no porque fueran socios, sino porque Juan les cedió un espacio para usarlo en un negocio de impuestos. “Lo conocí porque le envié varios casos que requerían atención legal. Todo el mundo hablaba de Juan Soliz como una persona dedicada y dispuesta que se identificaba con las necesidades del pueblo, lo llamaban así: ‘El abogado del pueblo’”, nos relata David.

“Mientras hacíamos contacto, yo buscaba una oficina que serviría como sucursal para ofrecer servicios de impuestos, pero el negocio no se dio, yo estaba un tanto acongojado, pero él, con su buena voluntad, me dijo, tranquilo, usa este espacio, quédate el tiempo que necesites. Mi experiencia con él fue impresionante, no sólo porque nunca me cobró, sino porque tuve el honor de trabajar con una persona muy dadivosa, creo que esa es una inmensa virtud suya, así como su debilidad, porque la gente abusa de él, yo lo vi con mis propios ojos, a veces la gente después de requerir de sus servicios se iban sin agradecer, y no regresaban”, dice.

“Él para mí es una inspiración que ha marcado a mucha gente, no sólo en la política sino a nivel personal. Hay que ver la cantidad de personas que lo buscan a toda hora, que lo siguen buscando, y a nadie le dice que no. Creo sin dudas que él podría tener el bufete más grande de Chicago pero no parece tener ese tipo de ambiciones, lo de él es servir”, deduce.

Maribel corrobora estos comentarios porque ella, al igual que su esposo David, ocupó un espacio en la oficina de

Juan Soliz para dar servicio social. “Es un héroe escondido, hace las cosas para el pueblo, tiene un corazón que no le cabe en el pecho, la verdad es que ha perdido mucho dinero, si cobrara lo que le corresponde sería millonario. Yo estuve por dos años con mi programa para mujeres abusadas: ‘Rompe el silencio’, y nunca me cobró un centavo. Su oficina, en vez de un despacho de abogados, parecía un centro de ayuda pública al que llegaba la gente, pobre o rica, y a quienes atendía y trataba igual. Con él pasa que, cuando entras a su oficina, sientes que estás en buenas manos, y te inunda una convicción, una fe de que hará lo mejor para ti... gran diferencia con algunos abogados que he conocido que, antes de abrirte la puerta, ya te están cobrando sólo por ver tu caso. Necesitamos más héroes anónimos como Juan Soliz”, sostiene Maribel.

“Como te digo, puedo dar testimonio porque lo viví, yo esperaba por fondos para seguir con mi programa para las mujeres, nunca llegaron y Juan nunca me cobró ni me reclamó, yo me fui porque me daba pena”, se franquea. “Algo que muchos no saben y que también constaté cuando compartí oficina con Juan Soliz es la profunda y maravillosa relación que mantiene con sus hijos, especialmente con Pakal, su hijo adoptivo, lo atiende con inmensa paciencia. Juan es como un ‘valium’ humano para ese muchacho, cuando le dan sus ataques y berrinches; es un amor de persona con sus hijos, con sus nietos y con todo el que lo busca”, Maribel no para de ofrecer elogios para esta persona que le tendió la mano en un momento difícil.

“No hay muchos como él. Normalmente quien requiere de algún servicio legal escoge a un especialista en la rama de su interés. Juan es muy particular, sea en inmigración, en derecho criminal o en civil, él atiende todos los casos. Es de los pocos profesionales de la abogacía que se ocupa de diversas ramas del Derecho", concluye la pastora Maribel. En efecto a Juan Soliz le gusta pasar de un caso a otro pues le aburre concentrarse en una sóla área. "Todo lo que hago me satisface, no siempre trabajo por dinero, como todo el mundo, tengo que pagar mis cuentas, claro, sin embargo, mi interés es servir, eso me place, ayudar a otros con todo lo que he aprendido".

"Cuando resuelve un caso de inmigración", retoma Maribel, "es increíble la alegría que siente al ver el alivio de esa persona y su familia porque significa abrirles las puertas, sacarlos de la oscuridad, es una suerte de tiquete a la vida, un pasaporte al poder ser, tener papeles significa poder trabajar", dice Maribel. "En realidad no hay dinero que pague por eso, es que es una gran satisfacción para mí", completa él. "Lo malo es que a veces se toma mucho tiempo para lograr esa felicidad, son asuntos tan delicados como difíciles. Por ejemplo, el caso de Beatriz Santiago a quien representé por recomendación de José Landaverde: nos tomó más de un año resolverlo. Lo ganamos, sí, pero no puedes cobrar lo que vale, si haces un cálculo por la dedicación y el tiempo transcurrido la suma es muy alta, imagínate que si les hubiera cobrado por las horas que le dediqué estaríamos hablando de 40 a 50 mil dólares".

En el caso de Beatriz Santiago, que muchos seguimos de cerca en los medios de comunicación, Juan Soliz la defendió y logró eliminar la orden de deportación que existía en su contra. Según José Landaverde, este es un caso más de injusticia en inmigración: "A esta mujer se le negó la Visa U, un derecho que por ley le correspondía".

Beatriz Santiago fue víctima de una violación. Al

ayudar a la policía a resolver el delito del que fue víctima, por ley tenía el derecho a obtener esa visa especial que se le otorga a quienes colaboran con la justicia, pero por un problema de tecnicismo legal no sólo se la negaron sino que la persiguieron y además pretendían deportarla: "Gracias a la asistencia de Juan Soliz, como abogado, Beatriz se quedará en Estados Unidos hasta que USCIS decida acerca de su visa U", explica Landaverde.

"A Juan Soliz lo conozco personalmente desde hace como 10 años", comenta José Landaverde, sacerdote anglicano que se ocupa del espíritu de quienes llegan a su Iglesia, pero el enfoque mayor de su trabajo es atender las necesidades humanas en inmigración, salud y educación. "Con la ayuda de Juan, asistimos las necesidades legales de nuestra comunidad, él es un individuo muy comprometido con el pueblo, siempre enfrentando situaciones difíciles en solidaridad con la gente. El licenciado Soliz empezó a asesorarnos en La Misión Nuestra Señora de Guadalupe en la calle 26, todos los casos eran pro-bono y por si fuera poco, a veces ponía dinero de su bolsillo. Juan es un individuo de mucha conciencia y misericordia, increíble", asegura.

"Yo estoy seguro de que es el único abogado que ha ganado este tipo de casos y eso se debe a su experiencia y conocimiento pero además al interés especial que le pone", ratifica. "El escogió a favor de los más necesitados, y a quienes piensan que puede haber un interés político yo les digo que lleva haciendo esto conmigo por más de una década y nunca he visto tal grado de compromiso en ningún otro abogado". José Landaverde señala que Juan Soliz muestra una gran trasparencia como abogado y como político, así lo vé, impecable, tanto cuando estuvo como representante como cuando luego ejerció como concejal. "Muy distinto a lo que tenemos ahora, los políticos dejan mucho que desear, me gustaría que llegara gente como Miguel del Valle o Juan Soliz, ellos son gentes de luz y están claros en cuáles deber ser las prioridades y a quién defender", considera.

Chicago: Ciudad Santuario

La idea de crear una Ciudad Santuario comenzó en Chicago gracias a las gestiones de Harold Washington quien, junto a un grupo de líderes latinos, creó una ordenanza que contribuyó a frenar los abusos de la policía. “Esta resolución”, recuerda Landaverde, “se aprobó cuando Juan Soliz, Chuy García y Luis Gutiérrez eran concejales, con el tiempo hubo cambios en la policía. Los jefes hacían acuerdos con el gobierno federal e irrespetaban los derechos de los inmigrantes con allanamientos y deportaciones indiscriminadas”, relata. “Después, Chuy García revivió el tema y en cierta manera Chicago se considera Ciudad Santuario; lamentablemente se siguen cometiendo abusos. Lo que hemos hecho con algún éxito”, explica Landaverde, “es darle protección a los perseguidos dentro de la iglesias, es como que si las iglesias fueran embajadas en donde se le da un asilo al inmigrante, mientras junto a nuestros abogados tratamos de buscar alguna salida legal”.

El sonado caso de Elvira Arellano es un ejemplo de cómo inmigrantes perseguidos se han refugiado en las iglesias.

“Hoy seguimos ayudando gracias al apoyo legal que encontramos en personas como Juan Soliz, quien después de 35 años tiene la misma visión de cuando llegó a esta ciudad. Él es parte de la mesa directiva de la organización Fe, Vida y Esperanza, sigue invirtiendo tiempo y dinero defendiendo nuestros casos. A veces nos va bien a veces nos va mal, pero él no nos deja solos, gracias a Dios, porque no hay un abogado que haga esto por nuestra gente inmigrante”.

"Los favores se devuelven", comenta Soliz, "yo recibo bendiciones todos los días, a mí no me falta nada, la verdad soy muy bendecido. En los últimos ocho años hemos tenido muchos logros en el campo legal, a veces son casos perdidos en los que las personas están con un pie aquí y otro en su país, pero con el apoyo de las iglesias que los protegen y les dan refugio hemos logrado darle esperanza a muchas familias. En estos casos el Santuario nos ayuda a ganar tiempo, hasta el momento, inmigración ha respetado las iglesias, eso nos ha ayudado a estructurar los casos y defender a la persona afectada", admite Landaverde.

Yo fui uno que salió de la oscuridad

Miguel Vázquez vivió de cerca las circunstancias cuando Juan Soliz empezaba a ejercer como abogado de inmigración en Chicago. En la oficina de ayuda legal junto al abogado Kalman Resking fueron miles las personas que se ampararon en la Ley Silva y la amnistía que se aprobó en 1986. "Juan Soliz estaba allí cuando llegué al Centro legal buscando ayuda, tenía una hija americana, así que calificaba para la residencia. Allí me atendieron y pude arreglar mi situación", aclara. "A partir de ese momento me involucré en el trabajo que hacía un grupo mexicanos a través de la organización CASA. Algunos habían nacido aquí pero de padres mexicanos, otros como Carlos Arango, eran estudiantes que habían escapado de la represión en México, por protestar en contra de las injusticias sociales".

La organización CASA quedaba justo al frente de la oficina de Juan Soliz, entre la 18 y La Blue Island.

"Allí conocí a Rudy Lozano, a Lydia Bracamonte a Bernardino Echavarría, a Linda Coronado, a Chuy García, gente muy comprometida con el movimiento social y laboral de Chicago".

Miguel Vásquez fue parte del movimiento que propuso a Juan Soliz para que se lanzara como representante a la legislatura y luego se postulara para concejal. "Juan se convirtió en nuestro líder por todo el trabajo que hizo para que la gente lograra su residencia y más tarde la ciudadanía, trabajo que incluía informarles sobre sus derechos y sobre qué expectativas podían hacerse, había que informarles de todo el proceso".

En el 86, cuando llegó la amnistía, Miguel Vásquez era residente y líder sindical de United Electrical Workers, una fábrica que producía motores pequeños para cocinas, neveras y baños. "Allí, la gran mayoría eran mexicanos sin documentos, así que invite a Juan para que les hablara de nuestros derechos laborales y de las posibilidades que se les abrían al arreglar sus papeles y hacerse residentes", dice.

"Juan nunca se negó a ayudar a nadie", recuerda Miguel, "muchísimos de esos trabajadores pudieron salir de la oscuridad, gracias a la oficina de servicios legales y, claro, gracias a Juan. Muchas cosas pasaron después de que se dio la amnistía", continúa, "de verdad pensábamos que los mexicanos teníamos el chance de tener una voz en el gobierno y de alguna manera la tuvimos, pienso que ese movimiento que empezó con Juan, le abrió el camino a todos los latinos que siguieron, incluyendo a Chuy García, otro mexicano capaz que lamentablemente fue derrotado por los intereses económicos y por nuestra gente que no termina de unirse"...

Según Miguel, personas como Juan Soliz y Chuy García tienen, sin lugar a dudas, un puesto en la historia, por haber sido los primeros en sembrar la fe y abrir el camino al latino en la política de Chicago. "Lástima que a Juan ya no le interese la política, siempre que concluía una campaña terminaba quebrado. La ventaja es que donde está, todavía sigue ayudando... Juan no ha cambiado, para nada, sigue siendo el hombre humilde y sencillo que conocí cuando llegué ilegal y me ayudó a construir un futuro para mí y mi familia".

Abogar por el cliente aunque sea culpable

Conforme lo indica la ética y su trabajo profesional, el compromiso de todo abogado, y por supuesto el de Juan, es auxiliar al cliente, ser su voz y defensor, en las circunstancias que sean y desde todas las ramas del ejercicio profesional. Juan ha defendido a personas acusadas de cometer delitos graves. Asesinos, delincuentes, traficantes quienes a veces al final del juicio terminan siendo considerados como culpables.

"Mi trabajo es defenderlos, presentar las evidencias para una buena defensa o para enfrentar las pruebas que se ofrezcan en contra de mis clientes. Yo no soy quien para juzgar a nadie, en el caso de que esté involucrado en un hecho criminal, por ejemplo, no sabemos si la persona es inocente o culpable. De lo que se trata es de ofrecer suficientes evidencias para que el juez o el jurado tomen la decisión más correcta. Sin embargo", explica Soliz, "hay casos que no acepto porque me afectan, por ejemplo, abusos contra niños o casos en donde la persona podría enfrentar la pena de muerte, yo no estoy de acuerdo con la pena capital, así que ese tipo de casos criminales no los acepto", admite.

A veces ha perdido casos, pero aun perdiéndolos ha ayudado a su defendido: "Cuando disminuyes los cargos de tu cliente a su favor es un triunfo, las victorias no siempre son totales, no todo el tiempo puedes evitar que tu cliente vaya a la cárcel, por supuesto, pero cuando logras disminuir una sentencia de 10 a 5 años o de 5 a 2, eso es un triunfo para tu cliente y para ti, humanamente hay una gran diferencia", claro.

"Las victorias, repito, no siempre llenan tus expectativas, hay momentos en los que tengo que cobrar, como es lógico, y con ello ayudo a sostener los otros proyectos que desarrollo con las iglesias", explica. "Me divido para estar con Dios y con el diablo", se ríe, "es lo que me mantiene centrado a nivel personal, sin desviarme en lo que es mi propósito, lo que vine a hacer".

Recuerda también que hubo un tiempo en que las leyes eran tan adversas al inmigrante que casi no se ganaban los casos. "Entre el 96 y el 98 había redadas, deportaciones, todo era muy difícil y era poco lo que se podía hacer legalmente... así como entre 2005 y 2008 fue un buen tiempo para la compra y venta de casas, entonces hacía mucho *real state*, negocios en el mundo de los bienes raíces. Después vino la crisis, así que de nuevo tuvimos que atender todo tipo de casos incluyendo inmigración, 'hay que ajustarse para sobrevivir' y eso lo he hecho con éxito en las diferentes ramas de mi profesión", afirma.

Luis Hernández empezó a trabajar con Juan en el 2007 cuando estaba en pleno *boom* el real state y la *burbuja* todavía no había explotado: "Todo el mundo estaba comprando casas, hacíamos muchísimos cierres, después la economía se vino abajo y empezamos a atender todo tipo de litigios, además del fuerte de Juan que era inmigración", recuerda. "Trabajando con Juan, pude conocer de cerca su bondad, Juan pareciera estar siempre dispuesto a dar, a colaborar, atiende a todo el que viene a pedirle ayuda, para él la persona es primero, por eso lo buscan y lo quieren", dice con emoción Luis su asistente personal.

"A mí, en lo personal, me ha ayudado siempre, lo considero como un padre, Juan me ha dado el tiempo que tiene y el que no para apoyarme, su solidaridad es de otro mundo, gracias a su persistente afecto he podido sortear escollos y estar con mi familia y mi esposa: yo empecé a trabajar en su oficina en octubre de 2007 y en marzo de 2008 perdimos a nuestro bebé, él me permitió tomar todo el tiempo que necesitaba para acompañar a mi esposa ¿no es maravilloso? Ser amigo de Juan es saber que uno cuenta con un apoyo incondicional".

Continúa: "Sea para algo de inmigración, un asunto de familia o abuso hacia la mujer, siempre se pone del lado del más débil, yo creo que también esa generosidad es su lado flaco, y digo que es su lado flaco porque cualquiera viene y le pone cara de víctima y él deja todo para ayudarlo, es una inversión constante de su tiempo profesional y humano. Por aquí desfila todo tipo de personas, a veces ocupan su tiempo y después no regresan como habían convenido, de manera que debo estar pendiente porque si no esta oficina sería un centro de caridad, su debilidad es ayudar, y lo hace a tiempo completo", Luis no deja de alabar a Juan. " El es un hombre tranquilo, siempre dedicado a su trabajo y con su familia, no sólo hay que reconocerlo por lo que hizo cuando llegó y por darle una cara al movimiento latino, sino por lo que hace en su oficina en privado, discretamente, me refiero a que todos los días entra una persona con un problema gigante a quien él le da esperanzas, por eso me agrada que estés escribiendo esta historia", añade.

Muchas personas piensan que a estas alturas Juan debería estar retirado y millonario. "Ciertamente", interviene Juan, " amo lo que hago. El dinero es importante, pero no es lo que me mueve, si me importara el dinero no estaría haciendo lo que hago ahora. Me han ofrecido unirme a grandes firmas, eso no me interesa, mis valores me llevan a ofrecer mis 40 años de experiencia para ayudar al que me necesita, esas son mis mayores aspiraciones y por supuesto cuando tengo que cobrar, lo hago".

Para concluir, Juan resume lo que es su felicidad: "Atender a mi hijo, el que más me necesita ahora, visitar a mis hijas, compartir con ellas y mis nietos... hago ciertos viajes, los que tienen que ver con la familia. He tenido la oportunidad de viajar mucho, y la verdad es que los sitios turísticos no me dan placer. Antes sí, cuando necesitaba una vacación, me subía a un autobús y allí decidía en cual pueblito quería parar, algo que ahora no hago porque es muy peligroso. A veces me voy a Seattle donde están mis hermanos. Cuando mi mamá vivía me gustaba visitarla y compartir con ella. Después de su muerte pasé un tiempo en que no me provocaba nada, yo era muy cercano a ella y cuando la perdí se me acabó el interés por todo, fue como un fin para mí también, así de triste me sentí, incluso me retiré por un tiempo de la vida pública. Ella era mi vida".

Ahora en su despacho de abogados no se da abasto, la gente entra y sale buscando su consejo, Juan Soliz sigue siendo la mano amiga para todo aquel que lo busca como profesional o como persona.

Esta es la historia de Juan Soliz, un hombre real con una vida llena de aprendizajes en donde los resultados no siempre fueron los esperados. Un hombre para quien las adversidades fueron retos y en los altos y bajos de su vida supo encontrar el camino para cumplir su propósito.

"La historia de Juan Soliz debe ser contada", escucho una

y otra vez, porque en ella se muestra a un ser real que nació en un pueblito apartado del mundo, que era considerado discapacitado y quien, sin embargo, escuchó su corazón para reclamar el espacio que merecía su gente.

“Agradezco a la vida por la madre que me trajo al mundo, a mi familia mi razón y mi fuerza. Doy las gracias a mis amores, porque han sido mi cobijo y mi refugio, a los amigos por su apoyo y consuelo, también agradezco a quienes en algún momento fueron mis enemigos, porque sus ataques me tumbaron, pero me enseñaron a sobrevivir y a ponerme de nuevo de pie, y me hicieron cada vez más fuerte”, dice desde el balance más positivo.

“Aprovecho para pedir perdón a todos los que ofendí, a los que me ofendieron y ya perdoné. A ellos les digo que no queda en mi vida ni una migaja de odio, estoy limpio, así que cierro este relato como lo comencé: sin rencor y sin culpa”

Nota para cerrar

En Marzo del 2016 Juan Manuel Soliz, por mutuo acuerdo, decidió divorciarse de su tercera esposa, Leti Zavala, pero siguen siendo buenos amigos y compartiendo la atención de Pakal y los asuntos que todavía tienen en común.

Juan Soliz en la calle 18 de Pilsen, Chicago

Un domingo, Juan y sus hermanos listos para ir a la Iglesia

Mamá y sus cinco hijos, Beto, Sylvia, Ramón, María Antonia, y Juan

Su hermana Sylvia Rubio, la Señora Guadalupe Raymundo y su mamá Francisca Arenivas

Juan con sus amigos Malvina y Marco Gascón

Eugene y Juan compartiendo en la comunidad

Juan y su gran equipo de trabajo

Alcalde Richard Daley y Juan Soliz

Juan siendo entrevistado por el canal 44 Telemundo

Chuy García y Juan Soliz en campaña por los latinos

Mario Moreno, Alcalde Eugene Sawyer, Juan Soliz, Guillermo Gómez, y Salvador Huerta

Juan Soliz con la comunidad afroamericana

Juan como voluntario en el Comedor Popular de la Iglesia San Matthew en Pilsen

Juan Soliz en sus oficinas con Stephanie Adams,
Malvina García, José Landaverde y Héctor Escobar

Juan Soliz con su hijo Juan Miguel

Juan Soliz con su hijo Juan Miguel,
estudiante de abogacía en Kent Law

Saliendo del edificio de la Corte Federal de Chicago

Juan Soliz ejerciendo su derecho de votar

Agradecimientos

Agradezco a mi familia, a mis amigos y a todos los que con sus relatos ayudaron a construir esta historia que no es sólo mía sino de todos los inmigrantes que siguen luchando para lograr el espacio de justicia, paz e igualdad que se merecen.

Un agradecimiento muy especial a mi amiga Malvina García, no sólo por recopilar los documentos y el material fotográfico que resumen mi vida, sino por motivarme a contar esta historia, ella fue el motor que conectó todas las piezas de este rompecabezas para crear este libro que hoy llamo mis memorias y que hoy humildemente comparto con ustedes.